Susann Theresa Braun

Achte auf das, was du sagst

W0192161

vianova
Taschenbuch

Susann Theresa Braun

Achte auf das, was du sagst

Das Geheimnis
der richtigen Wortwahl

via nova
Taschenbuch

1. Auflage 2012

Verlag Via Nova, Alte Landstr. 12, 36100 Petersberg

Telefon: (06 61) 6 29 73

Fax: (06 61) 96 79 560

E-Mail: info@verlag-vianova.de

Internet: www.verlag-vianova.de / www.transpersonale.de

Umschlaggestaltung: Guter Punkt, München

Satz: Sebastian Carl

Druck und Verarbeitung: Appel und Klinger, 96277 Schneckenlohe

ISBN 978-3-86616-211-2

Inhalt

Geleitwort

Dieses Buch müssen Sie lesen!

Fühlen Sie sich jetzt unter Druck gesetzt, vermittle ich Ihnen durch diese Aussage, dass Ihnen etwas fehlen wird, dass Sie etwas verpassen werden, sofern Sie dieses Buch nicht lesen.

Sie kennen die Aussagen und Sätze nur zu gut, die das Wort „müssen" beinhalten? Dann ist es doch richtig, dass Sie dieses Buch in den Händen halten. Wie fühlen sich diese Aussagen an:

Dieses Buch können Sie lesen

oder dieses Buch dürfen Sie lesen?

Besser?

Dann legen Sie es nicht weg. Denn genau darum geht es in diesem Buch. Welche sprachlichen Formulierungen lösen unangenehme Gefühle aus, sowohl bei mir, bei Ihnen als auch bei anderen? Dieses Werk öffnet Ihnen die Augen. Sie werden womöglich beim Lesen innerlich nicken, zustimmen und sich hinterfragen. Sie werden feststellen, wie häufig Sie bestimmte sprachliche Formulierungen verwenden, die Sie oder andere unter Stress setzen, die Druck auslösen können, die bei genauer Betrachtungsweise ungute, ja sogar richtig negative Gefühle auslösen.

Sie erhalten Lösungsansätze, wie Sie authentisch kommunizieren und damit Ihr Selbstwertgefühl und Selbstbewusstsein steigern können. Und Ihr Gegenüber wird es Ihnen früher oder später danken.

Die Sprache, die Kommunikation umzustellen, zu verändern, ist sicherlich schwer, aber möglich. Sie dürfen es auch zweimal oder dreimal lesen, denn mit jedem Lesen werden Sie das eine oder andere verinnerlichen, wird es Ihnen deutlicher werden.

Liebe Susann,

Danke für dieses Buch. Du hast mir wieder einmal klargemacht, wie häufig auch ich solche Formulierungen verwende, obwohl ich tagtäglich meinen Studentinnen und Studenten die Grundzüge der Kommunikation erläutere.

22.08.2011, Prof. Dr. Knut Latscha
Psychologischer Psychotherapeut
Hochschule für Polizei, Villingen-Schwenningen

1. Einführung

Was ist „authentische positive Sprache" und warum ist sie so wichtig?

Die „positive Sprache" ist seit vielen Jahren ein Steckenpferd von mir. In der Schulzeit und im Germanistik-Studium war für mich in erster Linie wichtig, die Schönheit und Korrektheit der Sprache zu erfassen.

Besonders gerne las ich Gedichte von Heinrich Heine, Hermann Hesse, Rainer Maria Rilke, Johann von Goethe, aber auch Romane von Heinrich Böll oder Günter Grass, um nur einige zu nennen. Jeder für sich ist ein Sprachkünstler der besonderen „Art".

Durch meine persönliche Weiterentwicklung, vor allem durch die Hinwendung zur naturheilkundlichen Psychotherapie (seit 1998 bin ich Heilpraktikerin für Psychotherapie), erforsche ich intensiv die unbewusste und bewusste Wirkungsweise von Sprache auf die zwischenmenschliche Kommunikation, also die Sprache in ihrer Ganzheit.

Das Zusammenleben der Menschen wird stark durch die Sprache beeinflusst. Ein „böses Wort" kann den gesamten Tag verderben. Das hat wohl schon jeder einmal erlebt.

Viele Konflikte in der Familie, der Partnerschaft und im Beruf könnten vermieden werden, wenn die Gesprächspartner bewusster reden würden. Wenn sie selbst spüren würden, was ihre Aussage für den Gesprächspartner wirklich bedeutet und was sie bei ihm auf psychischer Ebene auslöst, würden viele Gespräche anders verlaufen.

In diesem Buch und meinen Seminaren möchte ich Ihr Bewusstsein für das, was und wie Sie es sagen, schulen, damit Ihre Kommunikation und Ihr Zusammenleben mit den Menschen, die sie umgeben, in Zukunft stressfrei und harmonisch verläuft.

Die Sprache hat enorme psychische und seelische Auswirkungen auf das körperliche Wohlbefinden und auf den Geist.

Alle reden vom „Positiven Denken", doch das Denken wird durch Worte manifestiert.

Durch die Auseinandersetzung mit der Wirkung der Sprache in positivem Sinne reflektieren Sie sich ständig. Wenn Sie dies ehrlich tun wollen, dann sind Sie aufgefordert, das zu fühlen, was Sie sagen, die Wirkung dessen, was Sie sagen, also am eigenen Leib zu spüren.

Nur dadurch können Sie auch achtsamer im Umgang mit Ihren Kommunikationspartnern werden und sein. Sie nehmen „kritische", eventuell verletzende oder provozierende Formulierungen wahr und können das Gespräch rechtzeitig in eine andere Richtung lenken.

Bedenken Sie dabei auch immer, dass Ihr Gegenüber vielleicht nicht in der „authentischen positiven Sprache" geschult ist und deswegen seine gut gemeinte Aussage als negativ oder ungeschickt von Ihnen aufgenommen wird.

Durch die neue Bewusstheit für das, was und wie Sie es sagen, bringen Sie Klarheit in Ihre eigenen Gedanken und in Ihren Ausdruck. Sie sagen nur noch das, was Sie wirklich meinen, und sind dadurch authentisch.

Authentisch zu sein bedeutet auch, aufrichtig und klar zu sprechen.

Im Gegenzug werden Sie auch so verstanden, wie Sie es meinen. Sie verhindern lästige Missverständnisse. Der Gesprächspartner weiß, was Sie von ihm erwarten, und kann entsprechend handeln.

Durch Ihr Vorbild schulen Sie auch gleichzeitig seine Sprache, denn **Sprachgewohnheiten werden besonders durch Nachahmung geprägt**.

Authentisch zu sein ist die Qualität der neuen Zeit. Es ist die Voraussetzung für erfolgreiches In-Kontakt-Treten, Auftreten und Kommunizieren.

Machen Sie sich durch Ihr neues Bewusstsein die Kraft und die Energie der „positiven authentischen Sprache" zum Helfer für Ihren beruflichen und persönlichen Erfolg!

Da dieses Buch in erster Linie Ihr Bewusstsein schulen soll und dadurch zur Nachahmung anregt, empfehle ich Ihnen, es häufiger zu lesen, vielleicht auch nur die Kapitel, die Sie gerade besonders ansprechen und in Ihrem Alltag aktuell sind. Bewusstsein können Sie nicht wie Wissen einfach auswendig lernen, abspeichern und beenden. Bewusstsein entwickelt sich in verschiedenen Stufen und Ebenen, es braucht Reifezeit.

Erfreuen Sie sich an diesen Entwicklungsstufen und der Zeit der Reifung.

2. Grundlagen
der „authentischen positiven Sprache"

Schulen Sie Ihr Bewusstsein für die Sprache durch das Verständnis der strukturellen Grundlagen.

Seit vielen Jahrhunderten befassen sich Philosophen, Wissenschaftler und spirituelle Menschen bewusst mit dem „Positiven Denken".

Bereits Marc Aurel (vollständiger Name: Marcus Aurelius Antonius (121-180) – römischer Kaiser von 161-180 und Philosoph) sagte:

„Das Glück deines Lebens hängt von der Beschaffenheit deiner Gedanken ab."

oder

„Denke nicht so oft an das, was dir fehlt, sondern an das, was du hast…"

Der Urgedanke der göttlichen Schöpfung ist das Positive, ist die Fülle und die Harmonie in jeder einzelnen Zelle. Demnach erschafft der Mensch das Negative, den Mangel und die Krankheit selbst.

Dies bedeutet aber auch, dass der Mensch wieder zu den Urgedanken der Schöpfung zurückfinden kann.

Die Veränderung des persönlichen Bewusstseins durch Kontrolle der Sprache und des Denkens macht dies möglich.

Sie selbst sind der Schöpfer Ihrer Realität. Wenn Sie im Bewusstsein von Angst, Furcht oder Negativität sprechen oder denken, dann ziehen Sie auch Situationen in Ihr Leben, die Ihnen Angst, Furcht oder Negativität spiegeln.

Wenn Sie Ihr Umfeld, Ihre Mitmenschen ständig kritisieren, dann werden auch Sie selbst Kritik anziehen.

Kritik wird meistens unter dem Fokus verwendet, etwas schlecht zu reden, manchmal sogar, um Dinge zu vernichten.

Genau diese Energie wird dann auch zu Ihnen zurückfließen.

Sicherlich fühlen auch Sie sich schon bald sehr müde, wenn Sie eine Weile mit lamentierenden Freunden verbracht haben. Diese ziehen Ihnen regelrecht Lebensenergie ab. Im Gegenzug empfinden Sie sicherlich lustige, offene, aufgeschlossene Menschen, die ein Lächeln auf den Lippen und ein Strahlen in den Augen haben, sehr anziehend und suchen deren Nähe.

Wenn Sie einen Tag positiv beginnen und positive, gut gemeinte Worte für Ihr Umfeld finden, dann wird der gesamte Tag positiv verlaufen. So ziehen Sie angenehme und beglückende Situationen in Ihr Leben.

Wie viele Tage würden in Ihrer Familie, Ihrer Partnerschaft, in der Schule oder in Ihrem Berufsleben anders verlaufen, wenn Sie dies beherzigen würden?!

All diesen Überlegungen liegen die **„universellen Lebensgesetze"** zugrunde.

Dies sind Natur-, Resonanz- und Anziehungsgesetze, die Ihr Leben mitbestimmen.

Wer diese Gesetze erkennt und danach lebt, der erlebt eine große Kraft und stärkende Macht. Das Bewusstsein für diese Macht und gleichzeitig die Verantwortung, die Sie dabei übernehmen, sind elementar.

Es lohnt sich also, dass Sie Ihre persönliche Wortwahl überdenken und somit der Schöpfer Ihrer eigenen positiven Lebensumstände werden.

Ihre Achtsamkeit für Ihre Sprache, für die Menschen und die Schöpfung im Allgemeinen ist die Grundlage für Ihren persönlichen Erfolg!

✓ **Kontrollieren Sie Ihre Sprachgewohnheiten auf alte, negative, vielleicht sogar vernichtende Sprachmuster.**

Sie schwächen sich mit negativen Sprachmustern selbst.

Hier folgen einige Beispiele:
„Das macht mich kaputt!

„Ich bin zu dick." „Ich hasse meine Figur/mein Aussehen."

„Das schaffe ich nie!"

„Immer machst du alles kaputt."

„Meine Haare schauen scheußlich aus."

„Nichts gelingt mir/dir."

„Ich habe kein Geld."

Ihre Ausstrahlung sinkt, Sie verlieren Ihre positive Wirkung auf andere und somit Ihren Erfolg. Dafür ziehen Sie Probleme an. Stück für Stück verlieren Sie auch Ihre Selbstsicherheit und Ihr Selbstbewusstsein.

15

Schon Schiller sagte, wir sollten uns mehr dem „Wahren, Schönen und Guten" zuwenden.

Immer wieder beschäftigt mich der Gedanke:

Was war eher da: das Wort oder der Gedanke?

Spätestens seit dem Welterfolg „The Secret – Das Geheimnis" von Rhonda Byrne ist das „Positive Denken" wieder aktuell in aller Munde, nachdem bereits die Werke von Dr. Joseph Murphy oder von Erhard F. Freitag im letzten Jahrhundert zu Welterfolgen wurden!

Eines ist klar. Das eine bedingt das andere und kann ohne das andere nicht sein.

Wenn Sie denken, dann denken Sie in Begriffen.

Wenn Sie sprechen, dann sollten Sie vorher überlegt haben, was sie ausdrücken wollen, nicht nur unreflektiert sprechen (oftmals plappern).

Deswegen ist es besonders wichtig, dass Sie über Ihre Sprachgewohnheiten nachdenken und sie genauer beleuchten. Denn das gesprochene Wort hat eine intensivere Schwingung als der Gedanke, da sich die Schwingung durch die Aufnahme über das Ohr und das Hören multipliziert. Somit hat es eine starke Auswirkung auf alles SEIN.

Sprachforscher haben festgestellt, dass Kinder im Alter von 2 bis 4 Jahren ihre Sprachfähigkeit entwickeln. Das bedeutet, dass Kinder bereits in diesem frühen Alter das Bewusstsein für den Umgang mit Sprache prägen, auch wenn wir Erwachsene ihnen dies noch gar nicht zutrauen.

Ihre individuelle Verwendung der Sprache, des Satzbaus, der Satzmelodie, der Wortwahl, der Sprechgeschwindigkeit usw. verraten viel über Ihre Persönlichkeit, über Ihre Lebenseinstellung, Ihre Lebensziele und Ihre Lebensgeschichte.

Nutzen Sie dieses Wissen, damit Sie auch Ihre Gesprächspartner besser einschätzen, sie positiv lenken (besonders Kinder) und auf sie eingehen können.

In Ihrer Sprache finden sich durch bestimmte, sich wiederholende Formulierungen Ihre **Lebensthemen** wieder, wie zum Beispiel Ängste, Unsicherheit, Zweifel, Selbstwert, Selbstbewusstsein, Erfolgsbewusstsein. Mit ein wenig Einfühlungsvermögen und Übung können Sie sich selbst und Ihre Lieben oder einfach die Menschen, die Ihnen anvertraut sind (als Erzieher, Lehrer, Ausbilder oder Vorgesetzter usw.), unterstützen, selbstbewusster und erfolgreicher zu werden, indem Sie ihnen zeigen, wie sie sich durch bewusst angewandte „authentische positive Sprache" gerade bei Unsicherheiten stärken können.

✓ **Jeder Mensch verbindet mit bestimmten Formulierungen, Worten oder Äußerungen auch bestimmte Gefühle und Erinnerungen.**

Die volle Kraft Ihrer Sprache, Ihrer Aussage kommt dann zum Tragen, wenn Sie Kopf und Herz verbinden, d.h., wenn Sie **die Sprache nicht nur denken, sondern auch fühlen**. Sonst wirkt Ihre Sprache gefühlskalt. Wenn Sie „ganzheitlich sprechen", dann bringen Sie Denken, Fühlen und Handeln in Einklang.

✓ **Ändern Sie Ihre Sprache, so ändern Sie auch Ihre Körperhaltung und Ihre Ausstrahlung.**

Sprechen Sie folgende Sätze laut vor sich hin und achten Sie dabei auf Ihre Empfindungen:

✗ „Ich bin heute echt fertig!"
✓ „Ich habe heute Nacht zu wenig geschlafen, deswegen bin ich besonders gefordert."
✓ „Heute Abend gehe ich eher zu Bett, um den Mangel an Schlaf auszugleichen."

Sie sind auch beim 2. Satz authentisch und beachten, dass Sie müde sind. Während Sie beim 1.Satz noch weiter in sich zusammenfallen, weil Sie ja fertig sind (ich habe da sofort das Bild von einem komprimierten Klotz), führt die Formulierung „ich bin gefordert" im 2. Satz zu einer Aufrichtung der Wirbelsäule.

Wie alles, so ist auch Sprache Schwingung.

✓ **Das bedeutet, wenn Sie Ihre Sprache ändern, so ändern Sie auch Ihre persönliche Schwingung, Ihre Ausstrahlung.**

Jedes Wort, jeder Satz haben eine individuelle Schwingung, schaffen damit eine besondere Wirklichkeit und eine entsprechende Wirkung.

Spüren Sie folgende Beispielsätze:

„Ich lebe im Vertrauen an den positiven Lebensfluss."

„Ich wachse an den Herausforderungen meines Alltages!"

„Ich erreiche jedes Ziel, das ich wirklich möchte!

✓ **Erfolgreiche Menschen haben eine besondere Ausdrucksweise und Ausstrahlung.**

Wir haben alle ein **Zellgedächtnis.** Das bedeutet, dass unsere Gefühle mit Worten abgespeichert werden. Wird das Wort wieder gebraucht, dann werden die damit gespeicherten Emotionen wieder aktiviert.

Auch Sie haben bestimmt schon die Erfahrung gemacht, dass Sie auf eine Situation übermäßig negativ reagiert haben und sich danach gefragt haben, warum Sie so „hochgegangen" sind.

Oftmals hat Sie dann der Gesprächspartner mit einer Formulierung an ein unangenehmes Erlebnis aus Ihrer Vergangenheit erinnert und Sie haben nicht auf die aktuelle Situation, sondern auf die vergangene Situation reagiert, die Sie noch nicht seelisch verarbeitet hatten.

Missverständnisse entstehen häufig durch mitschwingende Botschaften. Der Sprecher oder Zuhörer kennt das Wort aus einem anderen Kontext heraus und bewertet es anders als sein Gegenüber. Missverständnisse entstehen ebenso durch unklare, abgebrochene oder zu lange Sätze.

Widersprüchliche Mimik oder Gestik, die häufig aus Unsicherheit, wie Sie die Situation einschätzen sollen, entstehen, oder durch zu leises Sprechen, sind vielfach Grundlagen für falsches Verstehen.

Missverständnisse entstehen ebenso, wenn der Gesprächspartner nicht richtig zuhört und/oder zu wenig Interesse an der Kommunikation hat.

Alte Ausdrucksweisen halten alte Denkmuster aufrecht.
Den wenigsten Erwachsenen ist bewusst, dass Sie, wenn Sie die Sprache Ihrer Eltern, Großeltern, Lehrer, Vorgesetzten, Mitarbeiter oder Kinder verwenden, auch unbewusst deren Denkmuster verwenden.

Die Sensibilisierung und ein neues Bewusstsein für die Sprache schaffen hier Abhilfe. Lernen Sie in meinen Seminaren durch einfache Übungen, Ihren Mitmenschen genau zuzuhören und Ihr Bewusstsein für alte Strukturen zu öffnen und sie dann zu verändern.

Lernen Sie, Ihre Sprache bewusst einzusetzen, um in allen Bereichen Ihres Lebens erfolgreich zu sein.

✓ **Strukturen in der Sprache vermitteln Ihnen Strukturen in Ihrer Lebensform und umgekehrt.**

Wie Sie bereits erfahren haben, können Sie durch die Art des Satzbaues Rückschlüsse auf die Lebensform oder Lebenssituation eines Menschen ziehen, ihn erkennen und auf ihn eingehen.

✓ **Je klarer oder übersichtlicher der Satzbau des Sprechers ist, desto klarer ist seine Lebenssituation.**

Je komplizierter der Satzbau ist, desto komplizierter ist die Lebenssituation. Je chaotischer der Satzbau ist (evtl. keine abgeschlossenen Sätze), desto chaotischer ist die Lebensführung.

Beobachten Sie sich, hören Sie sich zu, fühlen Sie, wie Sie in einer schwierigen Lebenssituation Ihre Sprache verändern. Dies kann sich bis zum Stottern steigern. Über eine gezielt gelenkte Sprache können Sie auch wieder Sicherheit und Struktur für Ihren Alltag gewinnen.

✓ **Klare Sätze unterstützen Ihr klares Denken und Ihr klares, zielgerichtetes, erfolgreiches Handeln.**

Sicherlich kennen auch Sie Menschen oder gehören selbst dazu, die bei der **Satzmelodie** keinen Schlusspunkt finden. Es ist sehr anstrengend, diesen Menschen dauerhaft zuzuhören. Da sie auch meistens bei ihren Aussagen nicht auf den Punkt kommen, müssen sie Sätze wiederholen oder ihre Aussagen werden überhört. Das kostet diese Menschen enorm viel Kraft. Sie stecken Energie in das Aussenden einer Botschaft, die dann aber nicht oder nur teilweise ankommt.

Dies hat natürlich auch Auswirkungen auf den beruflichen oder privaten Erfolg. Die Energie bleibt ungenutzt. Kein Wunder, dass diese Menschen sich oftmals überfordert fühlen und immer unsicherer werden. Auf Dauer kann das zum Beispiel zu Depressionen, Aggressions- oder Suchtverhalten oder zum Burn-out-Syndrom führen.

✓ **Pausen am Satzende erhöhen die Wirkung der Aussage.**

Achten Sie deswegen auf
- klaren, übersichtlichen Satzbau
- klare Aufforderungen
- klare Bitten
- eindeutige Fragestellungen
- authentische Mimik, Gestik, Körperhaltung
- Pausen am Satzende (Satzmelodie)
- mitschwingende Botschaften (Zellgedächtnis, alte Ausdrucksweisen, alte Denkmuster)

damit der Inhalt Ihrer Aussage klar bei Ihrem Gesprächspartner ankommt!

Nachdem ich durch meine Ausführungen viel Wissen über die Wirkung der Sprache aus Ihrem Unterbewusstsein aktiviert habe, stellen Sie sich inzwischen sicherlich die Frage, wie Sie die „authentische positive Sprache" konkret für sich nutzen können.

Nutzen Sie die „authentische positive Sprache" durch die Unterscheidung der Zeiten.

Die deutsche Sprache unterscheidet in:
* 1. Vergangenheit
* 2. Vergangenheit
* Gegenwart
* Zukunft

✓ **Mit diesen Zeiteinheiten können Sie Ihr Leben klar strukturieren.**

Unterscheiden Sie:
* welche Sachverhalte komplett abgeschlossen sind,
* welche aus der Vergangenheit noch in die Gegenwart hineinwirken,
* welche gegenwärtig sind,
* welche zukünftig sind.

Dadurch können Sie vermeiden, unnötigen Ballast mit sich herumzutragen. Sie lassen Altes, Abgeschlossenes los. Sie leben im Hier und Jetzt.

Oder wollen Sie wirklich, dass die 5 in Erdkunde oder Biologie aus der 9. Klasse noch weiter Einfluss auf Ihr Selbstwertgefühl hat, weil Sie damals für die Prüfung nicht gelernt hatten oder krank waren?

Oder denken Sie an ein geplatztes Rendevous in der Pubertät. Soll es wirklich Einfluss auf Ihre Partnerschaft oder gar Ihr Sexualleben haben?

✓ **Die Wahl der Zeiten in der Sprache unterstützt Sie dabei, klare Aussagen zu treffen.**

Die am meisten gewählten grammatikalischen Zeiten sind Präsens und Perfekt.

Gegenwart – Präsens: Ich fahre mit dem Auto.
Vergangenheitsformen:
Perfekt – Ich bin mit dem Auto gefahren.
Imperfekt – Ich fuhr mit dem Auto.

Das **Plusquamperfekt**, die 3. Vergangenheit „Ich war mit dem Auto gefahren", lasse ich aus der Betrachtung draußen, da diese Form im Gespräch selten verwendet wird.

Übung:

Sprechen Sie folgende Sätze in den verschiedenen Vergangenheitsformen laut aus, um deren Wirkung zu spüren.

Am deutlichsten spüren Sie die unterschiedliche Wirkung bei sehr gefühlsbetonten Aussagen wie:

„Ich bin krank gewesen."
„Ich bin traurig gewesen."

Das Perfekt wühlt Gefühle auf und ist nah („Ich bin traurig gewesen").

Der Duden definiert: „Das Perfekt bezeichnet ein Geschehen, das in der Vergangenheit abgeschlossen ist, dessen Folgen und/oder Ergebnis aber bis in die Gegenwart reichen und für die Gegenwart Bedeutung haben."

Das Perfekt eignet sich für die Darstellung von Geschehnissen, die lebendig und nah dargestellt werden sollen.

Nutzen Sie diese Funktion, wenn Sie **Gemeinsamkeiten herstellen** wollen. Wenn Sie zum Beispiel Nähe zu Kunden oder Patienten aufbauen wollen oder mit Kindern reden. Hier hilft das Perfekt, die Kommunikation lockerer zu machen.

Das Imperfekt ist sachlich, schließt ab, bringt Gelassenheit („Ich war traurig").

Der Duden definiert Imperfekt/Präteritum: „Das Präteritum bezeichnet ein abgeschlossenes vergangenes Geschehen. Es ist das sogenannte Erzähltempus und dient auch der Kennzeichnung unausgesprochener Gedanken (erlebte Rede)."

Um z.B. alte Verletzungen aus der Kindheit/Jugend (Heilung des Inneren Kindes) abschließen zu können, empfiehlt sich die Verwendung des Imperfekts. Formulieren Sie die Sätze, also auch Ihre Gedanken, um.

Sie bekommen dadurch mehr Abstand oder Distanz zu den Vorfällen. Erinnern Sie sich dabei auch nochmals an die Auslöser für Missverständnisse durch die Aktivierung des Zellgedächtnisses in Kapitel 2.

Durch die Verwendung des Imperfekts können Sie auch bewusst eine emotional angespannte Stimmung beruhigen.

✗ „Meine Eltern haben mir ständig Vorwürfe gemacht."
✓ „Meine Eltern machten mir ständig Vorwürfe."

✗ „Mein Lehrer hat mir immer wieder gesagt, ich sei zu dumm."
✓ „Mein Lehrer sagte mir immer wieder, ich sei zu dumm."

Wissenschaftler haben festgestellt, dass hyperaktive Kinder nur die Zeiten Perfekt und Präsens (Gegenwart) benutzen.

✓ **Eine klare zeitliche Struktur in der Sprache gibt Kindern und hektischen Erwachsenen Orientierung und Halt.**

Ist die Sprache nur in der Gegenwart, ist das ganze Leben ständig präsent. Diese Menschen können kein Geschehen wirklich abschließen und finden somit keine innere Ruhe. Kein Wunder, dass sie diese innere Unruhe nach außen durch Hektik und unruhige Bewegungen oder Bewegungsdrang weitergeben wollen oder manchmal auch sehr aggressiv werden, da sie von der Last überfordert sind, die sie tragen.
Sie tragen dann symbolisch einen ständig gefüllten Rucksack (mit den Dingen gefüllt, die sie nicht abschließen und loslassen können) mit sich herum, der immer schwerer wird. Dies bindet viel Kraft, die für neue Projekte oder als Lernpotential besser angelegt wäre.

✗ „Ich habe eine schlechte Note geschrieben!"
✓ „Ich schrieb eine schlechte Note!"

Wen interessiert wirklich die 5 in Erdkunde in der 9. Klasse, wenn ich bereits kurz vor dem Abitur stehe? („ich **hatte** in Erdkunde eine 5 in der 9. Klasse")

Lassen Sie uns weiter mit den Zukunftsformen (Futur I und Futur II) spielen.

Wie Sie die Zukunftsformen unterstützend einsetzen können:

Der Duden definiert die Zeitform **Futur** wie folgt:

- „Mit dem **Futur** drückt man aus, dass ein Geschehen in der Zukunft liegt, also in der Gegenwart noch nicht eingetroffen ist."
- Das **Futur II** bezeichnet ein Geschehen, das in der Zukunft als bereits abgeschlossen angesehen wird. Es kann auch eine Vermutung oder Annahme über das spätere Geschehen oder über Vergangenes ausdrücken."

Hier finden Sie einige Beispielsätze:

Präsens – Gegenwart: Ich arbeite an meiner Abschlussarbeit. Ich lerne für die Prüfungen.

Futur I – Zukunft I: „Ich werde ab morgen an meiner Abschlussarbeit arbeiten. Ich werde heute von 15 bis 19 Uhr an meiner Abschlussarbeit arbeiten. Ich werde ab nächster Woche für die Prüfungen lernen."

Durch die Zeitangabe ist die Aussage viel konkreter und verbindlicher! Sie gibt Ihnen und Ihrem Tagesablauf Struktur und zeitliche Planung, wann Sie Ihre Freizeit genießen und wann Sie arbeiten. Somit fallen zum Beispiel in der Freizeit belastende Gedanken, wie „ich müsste *eigentlich* lernen", weg. Freizeit ist „freie Zeit" und Arbeit ist Arbeitszeit.

Wenn Sie Sätze in der Zukunftsform gestalten, schaffen Sie sich Freiräume und können so manchen Situationen die Anspannung und den Stress nehmen. Weitere Hinweise und Beispiele dazu finden Sie im Kapitel 2. über die Modalverben.

✓ **Das Futur I schafft Raum, Zeit für Planung und Möglichkeiten zur Gestaltung zeitlicher Abläufe.**

Das **Futur II** wird kaum noch verwendet. „(Ich werde gearbeitet haben. Ich werde gelernt haben.")

Das Futur hilft, Zukunft zu gestalten, zu planen und sie mit allen Sinnen zu erfassen und zu erspüren.

**Nutzen Sie die „authentische positive Sprache"
durch die bewusste Anwendung
von Aktiv und Passiv.**

✓ **Übernehmen Sie Eigenverantwortung durch
die Verwendung des Aktivs!**

Menschen, die überwiegend das Aktiv verwenden, übernehmen auch verstärkt die Verantwortung für ihr Leben. Sie sind Gestalter ihres Lebensplans, erfolgreiche, selbst bestimmte Menschen und niemals Opfer!

✓ **Das Aktiv bringt Klarheit und
Selbstbewusstsein in die Kommunikation.**

„Ich räume die Küche auf."
„Die Kollegin hat die Bestellung ausgeführt, den Brief geschrieben."

(Wer oder was tut?)

Menschen, die selbstverantwortlich reden, zeigen dies auch in ihrer Körperhaltung. Sie ist im Brust- und Schulterbereich aufrecht. Die Wirbelsäule ist gerade. Dadurch ist besonders der Lendenwirbelbereich einerseits entlastet und gleichzeitig positiv aktiviert. Sie beugen also Rückenschmerzen durch langes Sitzen am Schreibtisch vor. Genauso ist die Halswirbelsäule durch die aufrechte Haltung besser aktiviert, was Nackenverspannungen entgegenwirkt.

Besonders bei der Kindererziehung helfen Anweisungen in der „aktiven Form", Nervenkraft zu sparen, da Kinder durch die klare Sprache weniger Möglichkeiten für Ausflüchte finden:

Verbessern Sie:

✘ „Der Computer/Fernseher wird jetzt ausgemacht."
✓ „Mache bitte den Computer/Fernseher aus!"

✘ „Bei uns wird ordentlich gegessen."
✓ „Bitte iss ordentlich/mit guten Tischmanieren."

Zusammenfassend können wir also feststellen, dass eine „aktive Kommunikation" eine selbstbewusste Körperhaltung fördert, die etliche Körperpartien positiv stimuliert und somit Verspannungen und Körperfehlstellungen vorbeugt.

Die Verwendung der Passivform (Leideform)!

Das Passiv ist in der Behördensprache weit verbreitet. Es werden Anordnungen erteilt. Der Sprache fehlt meistens Wärme und Herzlichkeit. Der Bearbeiter bleibt oft im Hintergrund und namenlos. Dadurch wird seine Wertigkeit geschmälert, aber auch die Verantwortlichkeit für seine Arbeitsleistung.

Die Bestellung wurde ausgeführt.
(Was geschah mit wem oder was?)

Das Passiv heißt nicht umsonst „Leideform" und wird oft für schwierige Situationen verwendet. So zum Beispiel, wenn sich jemand ausgeliefert fühlt oder wenn jemand aus Unsicherheit oder Angst vor Angriffen Klarheit vermeiden möchte. Doch dadurch leidet auf Dauer auch seine persönliche Glaubwürdigkeit.

✗ „Das (schwierige) Gespräch wurde geführt." „Die Akten wurden sortiert." „Die Beschwerde wurde weitergegeben."

Durch die ständige Verwendung von Passiv-Sätzen schränken Sie Kritik, aber auch Ihre Eigenständigkeit ein. Wie oben bereits ausgeführt, kommt es auf Dauer zu körperlichen Fehlstellungen und Schädigungen in der Körperhaltung.

Nutzen Sie die „authentische positive Sprache" durch die bewusste Verwendung der Modalverben KÖNNEN – MÜSSEN – DÜRFEN.

Wie oft begrenzen Sie sich selbst durch Sätze wie:

✗ Ich kann nicht!

Diese Sätze werden zur selbsterfüllenden Prophezeiung!

✓ **Betonen Sie lieber Ihre Stärken durch „Ich kann!"**

Übung:

Schreiben Sie 10 Sätze mit „Ich kann" auf. Dies können durchaus ganz banale Sätze sein, Tätigkeiten, die für Sie absolut alltäglich sind. Dennoch stärken und motivieren sie Sie außerordentlich.

✓ „Ich kann mich selbst anziehen."
✓ „Ich kann Zähne putzen."
✓ „Ich kann Auto fahren."
✓ „Ich kann komplizierte Computerprogramme erstellen."

In meinen Seminaren mache ich gerne folgende Übung:
Jeder Teilnehmer erhält eine ca. 2 Meter lange Schnur, die er auf dem Boden auslegt. Für jede Fähigkeit, die er seit

seiner Geburt erlernt hat, legt er einen kleinen Stein auf oder neben die Schnur. Die Teilnehmer sind begeistert zu erkennen, was sie in ihrem Leben alles erlernt haben.

Sicherlich setzen auch Sie sich immer wieder unnötig unter Druck durch die Verwendung der Formulierung: „Ich muss!"
Diese Formulierung erzeugt auf Dauer enormen Stress. Sie setzen sich dadurch unter Zeitdruck, wo dies meistens gar nicht nötig ist, und schwächen somit Ihre Gesundheit.

Viele Formulierungen mit „Ich muss" können Sie durch die Verwendung des Futurs verbessern. (s.a. das Kapitel über die Verwendung des Futurs.)

Ändern Sie:

✗   „Ich muss noch einkaufen gehen."
✓   „Ich werde heute noch einkaufen gehen."

✗   „Ich muss noch Herrn Müller anrufen."
✓   „Ich werde in einer Stunde Herrn Müller anrufen."

Sprechen Sie die Sätze wieder laut aus und spüren Sie deren unterschiedliche Wirkung.
Sie spüren sicherlich, wie Sie durch die Veränderung der Sätze den emotionalen Druck aus der Aussage nehmen!

Übung:

Schreiben Sie 10 Sätze mit „Ich muss", am besten solche, die Sie auch im Alltag verwenden, in die Futurform um und spüren Sie, wie Ihnen dies Raum für die schönen Dinge im Leben gibt.

✓ **Beheben Sie Mangel- und Minderwertigkeitsgefühle durch die bewusste Verwendung von „Ich darf".**

Das Modalwort „dürfen" erlaubt etwas. Es hat eine andere Wertigkeit als können.

„Sie können das Auto fahren" hat eine andere Wirkung als „Sie dürfen das Auto fahren."

Dürfen steckt im Wort Bedürfnisse. Es hat also etwas damit zu tun, Bedürfnisse zu befriedigen oder befriedigen zu können. Dies ist ein **emotionales Grundprinzip** von Geburt an.

Kinder hören sehr oft „Das darfst Du nicht!". Dadurch entstehen Mangelgefühle, Selbstbeschränkungen oder Minderwertigkeitsgefühle, die später das Erfolgsbewusstsein dieser Menschen reduzieren.

Übung:

Schreiben Sie 10 Sätze mit „Ich darf" auf – das wirkt sehr befreiend!

Die Verwendung des Konjunktivs (der Möglichkeitsform) als Höflichkeitsfloskel.

Den **Konjunktiv I** verwendet man für **Wünsche und Möglichkeiten** und ganz besonders in der „Indirekten Rede" oder bei Anleitungen („man nehme…")

- „sie lerne"
- „sie habe gelernt"
- „sie werde lernen"

Der **Konjunktiv II** drückt eine **gedankliche Vorstellung** aus („ich dachte, man könnte zum Baden gehen").

- „sie hätte gelernt"
- „sie würde lernen"

Sätzen mit „ich hätte gerne" oder „ich würde gerne" fehlt die kraftvolle Aussage.

Sie machen die Kommunikation zwischen Kunden und Verkäufer/Bedienung anstrengend, da der Kunde/Kommunikationspartner vor lauter „Höflichkeit" keine klare Aussage trifft.

✗ „Ich würde gerne einen Espresso bestellen."
✓ Klarer ist: „Bringen Sie mir bitte einen Espresso."

✗ „Ich würde gerne zum Baden gehen."
(Spüren Sie die Zweifel, die Unsicherheit in der Aussage, ob der Wunsch, baden gehen zu wollen, gerechtfertigt ist?)

✓ „Ich möchte zum Baden gehen."
✓ „Lass uns zum Baden gehen."
Diese Aussagen sind viel klarer.

Doch bedenken Sie bitte auch, dass solche Höflichkeitsfloskeln oftmals einfach charmant wirken und besonders beim Flirten oder für die liebevolle Kommunikation einen achtsamen und vorsichtigen Umgang signalisieren.

✗ „Ich würde gerne mit dir ausgehen."
✓ „Ich möchte gerne mit dir ausgehen."

Allerdings sind besonders bei der Kommunikation mit Kindern klare, eindeutige Formulierungen wichtig, um den Kindern Sicherheit und Struktur zu geben (s.a. das Kapitel 6 „Authentische positive Sprache in der Familie").

Die sinnvolle Verwendung von Verneinungen.

(Nicht, nein, nie, niemals, niemand, kein, -los, un-)

Unser Weltbild wird v.a. durch die Medien geprägt. Deren Wortschatz ist stark von Verneinungen und negativen Bildern durchsetzt.

Sie wissen inzwischen, dass Sie durch Ihr Denken und die Auseinandersetzung mit negativen Situationen verstärkt negative Lebensumstände für sich anziehen! (Betonung von Dingen, die Sie nicht möchten.) Da Zeitungen oder Zeitschriften verstärkt gekauft werden, wenn sie negative Schlagzeilen haben oder entsprechend Berichte im Fernsehen von einem größeren Publikum angeschaut werden, wenn es um Katastrophenreportagen geht, sind die Vertreter der Medienwelt motiviert, solche negativen Berichterstattungen zu forcieren. Es liegt an Ihnen, die Medien in dieser Hinsicht weiterhin zu negativen Berichterstattungen zu motivieren oder sie zu boykottieren.

Übung:

Kontrollieren und korrigieren Sie Ihre Sprache bezüglich unnötiger verneinender Denkmuster. Es folgen ein paar Anregungen. Sagen Sie z.B. statt:

✗ „Warum eigentlich nicht?!"
✓ „JA!"

✘ „Es geht mir nicht schlecht!"
✓ „Es geht mir gut!"

✘ „Das Geschäft ist nicht uninteressant"
✓ „Das Geschäft ist interessant!"

✘ „Keine Chance"
✓ „Wir finden neue Lösungsansätze!"
✓ „Da sind wir gefordert."

✘ „Vergessen Sie das nicht!"
✓ „Denken Sie daran!"

✘ „Betreten der Rasenfläche verboten!"
✓ „Bitte bleiben Sie auf den Wegen!"

✘ „Es wird schon klappen!"
✘ „Hoffentlich klappt es!" (Zweifel verhindern den Erfolg!)
✓ „Es gelingt!"

Sprechen Sie diese Sätze wieder mehrfach laut aus und
fühlen Sie die unterschiedliche Wirkung. Genießen Sie die
positiven Auswirkungen auf Ihren Körper.

3. Die Gedanken prägen unsere Sprache – oder umgekehrt? Ein Exkurs über das „Positive Denken" und die Auswirkungen auf die „authentische positive Sprache".

Was verbindet „Positives Denken" und „authentische positive Sprache"?

„Was war eher da, die Henne oder das Ei?
Was war eher da, der Gedanke oder das Wort?"

Wahrscheinlich gibt es noch immer Wissenschaftler, die sich darüber streiten.

Ab wann kann man die ersten Laute als Worte mit einer Begriffsbestimmung bezeichnen? Wann hatten die Urmenschen so viel Bewusstsein, dass man von Gedanken sprechen kann?

Eines ist auf jeden Fall wissenschaftlich belegt:
Wir denken alle ständig, in der Minute ca. 4000 Gedanken!

✓ **Durch die Wortbildung verpacken wir die Gedanken in eine manifeste Schwingung. In diesem Fall ist es der Klang der Stimme, der die Gedanken an unsere Umwelt vermittelt.**

Das Ohr ist das erste Organ, das bei der Entstehung des Menschen, in diesem Fall des Fötus, bereits in der 18. Schwangerschaftswoche vollständig entwickelt ist.

Das heißt, der Fötus nimmt schon sehr frühzeitig Geräusche wahr, wie zum Beispiel den Herzrhythmus oder Magen-/ Darmgeräusche und die Stimme seiner Mutter.

Wenn das Kind auf die Welt kommt, ist es bereits mit Worten, also der Sprache vertraut. Noch im Mutterleib lernt es, auf verschiedene Worte, in verschiedenem Tonfall, körperlich verschieden zu reagieren. Durch den Schwingungsträger Fruchtwasser nimmt der Fötus Veränderungen sehr genau wahr und spürt sie als Spannung oder Entspannung an bzw. in seinem Körper. Somit lernt er die Wirkung von Worten auf seine Körperlichkeit kennen.

Mit dem Erwachsenwerden verbannen wir leider diese Fähigkeit wieder aus unserem Bewusstsein und lesen Bücher über „authentische positive Sprache" oder besuchen Seminare zu diesem Thema, um wieder eins mit uns und unserem Körper zu werden.

Da das Gehirn sich erst im Laufe der Zeit vollständig entwickelt, ist somit bewiesen, dass die „positive Sprache" früher Einfluss auf die seelische Entwicklung des Menschen nimmt als die „positiven Gedanken".

In der Zeit des Heranwachsens nimmt der Einfluss der Gedanken aber ständig an Bedeutung zu. Die Schule fordert und fördert die intellektuelle Entwicklung. Besonders die linke Gehirnhälfte (logische, analytische Verarbeitung) wird geschult.

In den letzten Jahren wurde glücklicherweise das Bewusstsein für das „positive Denken" wieder verstärkt geweckt (aber bereits Platon, Marc Aurel, Goethe und etliche große Denker davor haben Schriften über das „positive Denken" verfasst), doch es fehlte noch die Entwicklung des Bewusstseins für die Kraft der „positiven Sprache". Das Positive in Ihrem Leben kann nur durch die Umsetzung und Anwendung von beidem funktionieren.

Die Vertreter des „Positiven Denkens" sagen, dass Sie mit Ihren Gedanken Ihre Zukunft kreieren! Alles, was Sie denken, manifestiert sich über kurz oder lang. Durch die allgemeine Schwingungsanhebung kommt es immer schneller zu diesen Manifestierungen/Verwirklichungen!

✓ **Glücklicher Weise haben positive Gedanken eine größere Kraft als negative, auch das ist wissenschaftlich bewiesen.**

Doch hat sich unsere Gesellschaft in den letzten Jahrzehnten immer mehr auf „negative Informationen" ausgerichtet. Es werden mehr Zeitungen verkauft, Nachrichtensendungen angeschaut, wenn es negative Schlagzeilen gibt (so z.B. wegen der Wirtschaftskrise oder wegen Umweltkatastrophen, Mordanschlägen usw.).

Häufig wird dadurch die negative Sichtweise energetisch vergrößert. Energien, die für Hilfsprojekte wichtig wären, werden im Mitleid gebunden. Echte nachhaltige Hilfe bleibt aus oder wird zumindest geschwächt.

Alles wird bewertet, beurteilt, verurteilt, beklagt, beschwert, statt positive Gedanken in positive Handlung umzusetzen!

✓ **Wenn Sie ein Bewusstsein für die Kraft Ihrer Gedanken haben, dann können Sie auch über die Änderung dieser Frequenz der Gedanken Ihr Leben verändern, Ihre Energien für positive Veränderungen bei Ihnen oder anderen einsetzen!**

Alles Wachstum kommt von innen. Jede Pflanze entsteht aus einem Samen oder einem Wurzelanteil in der Erde. Ein neuer Mensch wächst im Mutterleib heran ebenso wie Säugetiere. Andere Tiere wachsen in einem Ei oder Samenverbund (z.B. Laich) heran.

Durch das Heranwachsen ist es früher oder später notwendig, den schützenden Raum zu verlassen und sich auszudehnen.

So ist es auch mit Ihren Gedanken. Sie kommen aus der Innenwelt und wollen sich weiter entfalten, um das Außen gestalten zu können. Positive Gedanken in positive Worte gefasst prägen nicht nur Ihre eigene Welt, sondern beeinflussen auch Ihre Umwelt, Ihr Umfeld positiv.

Sicherlich hat schon jeder von Ihnen Situationen erlebt, wo er bester Laune war und eine achtlose oder gar geschmacklose Bemerkung des Gesprächspartners die Situation von einer Sekunde auf die andere negativ belastet hat.

✓ **Worte haben eine enorme Wirkung auf unsere Psyche!**

Deswegen ist es ja so wichtig, dass Sie sich die Kraft der Worte durch positive Formulierungen zunutze machen.

Sie nehmen das, was Sie sprechen, über Ihr Gehör nochmals auf und können die Wirkung, wenn Sie sich dafür öffnen, am eigenen Leib verspüren (siehe die Übungen in den folgenden Kapiteln: die Wirkung der Sprache am/im Körper fühlen).

Diese Gefühle beeinflussen Ihre Gedankenwelt, je nachdem, wie Sie sie wahrnehmen, positiv oder negativ.

Das heißt, Sie beleben und bereichern durch „positives Denken" oder/und durch „positive Sprache" Ihre Gefühlswelt, Ihr Wohlbefinden und somit Ihre Ausstrahlung.

Viele Menschen haben nicht verstanden, dass die Innenwelt das Außen erschafft und gestaltet, und so meinen sie, das Außen verändern zu müssen, statt ihre Innenwelt zu harmonisieren. Es gibt seit vielen hunderten Jahren Philosophen und große Denker, z.B. Buddha, Christus, Plato, Marc Aurel, Goethe, Dalai Lama, um nur wenige zu nennen, die diese Ansätze vertreten.

Besonders stark kommt dieses Bewusstsein in einem meiner Lieblingsgedichte von Hermann Hesse zum Tragen:

Die Dinge, die wir sehen,
sind die selben Dinge, die in uns sind.
Es gibt keine Wirklichkeit als die,
die wir in uns haben.

Darum leben die meisten Menschen
so unwirklich, weil sie die Bilder
außerhalb für das Wirkliche halten
und ihre eigene Welt in sich gar nicht
zu Worte kommen lassen.

Man kann glücklich dabei sein.
Aber wenn man einmal das andere weiß,
dann hat man die Wahl
nicht mehr,
den Weg der meisten zu gehen.

Ihre innere Welt ist also krank, wenn es in der äußeren Welt krankt. Wenn Ihre Sprache negativ ist, dann ist auch Ihre Innenwelt negativ.

Besonders die Sprache der Jugend spiegelt dies ganz klar wider. In ihrer Welt ist es üblich geworden, selbst „normale" Sachverhalte mit Kraftausdrücken aus Gewaltbereichen oder mit einer Fäkaliensprache (z.B. „fuck", „scheiß", „ich hau dir in die Fresse" usw.) zu versetzen. Dies zeigt, dass sich diese Jugendlichen in ihrem Innenleben ungeliebt und wertlos fühlen.

Dies gilt natürlich auch für viele Erwachsene.

Mit der positiven Veränderung ihrer Sprache verändert sich ihr Bewusstsein und damit wird sich auch ihre Gefühlswelt ändern.

Wie funktioniert das „Positive Denken"?

Wir stellen fest, dass „Positives Denken" etwas mit „Positiver Sprache", Mentaltraining, Intuitionsschulung, Selbsterkenntnis, Selbstliebe, Bewusstwerdung, Bewusstsein, positiven Gefühlen, Persönlichkeitsentwicklung usw. zu tun hat.

Dem „Positiven Denken" liegt ein wichtiges Naturgesetz zu Grunde: **Das Gesetz der Anziehung!**

Dieses Gesetz ist schon immer existent und wird es immer sein! (Darum sind wir auf der Erde und schweben nicht im Weltall herum.)

Wir sind alle Magneten!
Ihr Leben jetzt ist die Widerspiegelung Ihrer früheren Gedanken. Jeder Gedanke hat eine spezifische Frequenz.

Betonen auch Sie viel zu oft das, was Sie nicht wollen (Schulden, Krankheit....)?

Besonders vor dem Einschlafen ist es wichtig, dass Sie gute Gedanken denken!

Da Ihre Gedanken zu Dingen, also manifest, werden, ist es wichtig, dass Sie wissen, was Sie wirklich wollen! (s.a. Bärbel Mohr „Bestellungen beim Universum"). Denn manchmal gehen Wünsche sehr schnell in Erfüllung. („Überlege dir ganz genau, was du dir wünschst.").

✓ **Die Veränderungen der Schwingungsfrequenz auf der Erde machen Manifestationen von Gedanken und Worten immer schneller möglich.**

Jeder Gedanke hat eine schöpferische Energie und, wenn Sie Gedanken bewusst und im Einklang mit dem universellen Geist aussenden, können Sie diese Kraft und Energie positiv zum Nutzen von allen aktivieren.

Ihre Gedanken sind die Ursache für Ihre Lebenssituation und die Erfahrungen, die Sie im Leben machen. Sie sind die Auswirkungen Ihrer Gedanken. Das bedeutet, dass Ihre Gedanken sich manifestieren.

✓ **Das „Positive Denken" funktioniert nur, wenn Sie das, was Sie denken, auch fühlen!**

✓ **Es ist unmöglich, sich schlecht zu fühlen und gleichzeitig gute Gedanken zu haben und umgekehrt!**

Probieren Sie es ruhig einmal aus. Wenn Sie sich schlecht fühlen, dann ziehen Sie negative Erfahrungen in Ihr Leben.

Fühlen Sie sich gut, dann betonen Sie positive Energien und ziehen diese in Ihr Leben!

✓ **Wenn das, was Sie denken und sagen, mit Ihren Gefühlen übereinstimmt, dann leben Sie authentisch!**

Mit positiven Gedanken und Gefühlen gestalten Sie die Zukunft positiv.

Deswegen ist es wichtig, Gedanken und Gefühle zu analysieren. Durch diese Klarheit können Sie eine neue Wahl für Ihr Leben treffen.

Machen Sie doch einmal folgenden Versuch:

Gehen Sie strahlend, mit einem Lächeln auf den Lippen durch die Stadt oder einfach nur in den nächsten Supermarkt zum Einkaufen und genießen Sie die Begegnungen mit den Menschen.

Ein anderes Mal machen Sie die gleiche Unternehmung schlecht gelaunt mit mürrischem Gesicht! Können Sie sich den Unterschied schon jetzt vorstellen?

Meine Erfahrung ist, dass ich dann an schlecht gelaunte Verkäufer gerate oder auch ständig angerempelt werde.

✓ **Gefühle sind die Rückantwort des Universums, ob Sie auf dem richtigen Kurs, im Fluss des Lebens sind.**

Dabei sollten Sie bedenken, dass der „Fluss des Lebens" kein langweiliger „begradigter Fluss" ist, sondern Ihrer Lebens- und Lernaufgabe entsprechend mäandriert, also

Windungen und Kurven bildet. Daher dürfen und müssen Sie Gefühle auch immer wieder wachrütteln und zur Weiterentwicklung herausfordern.

Befreien Sie sich von der Angst vor Schwierigkeiten. Schwierigkeiten bringen Sie im Leben am weitesten voran. Verzichten Sie nicht auf sie. Entscheidend ist dabei, wie Sie mit ihnen umgehen!

Dabei helfen Ihnen das „Positive Denken" und die „authentische positive Sprache", adäquat, also angemessen, mit der Situation umzugehen.

✓ **Vertrauen Sie darauf: Für jedes „Problem"**
  gibt es eine Lösung im Universum.
  Denn in Wirklichkeit gibt es keine „Probleme",
  sondern in positiver Sprache ausgedrückt,
  „nur" Herausforderungen.

Prüfen Sie, wenn Sie sich Ziele für Ihr Leben setzen:
Sind die Ziele und Wünsche, die Sie verfolgen, wirklich Ihre eigenen?

Häufig übernehmen Kinder aus Liebe die ungelebten und unerfüllten Wünsche und Zielsetzungen ihrer Eltern. Manche Zielsetzungen werden auch durch das „kollektive Unbewusste" geprägt.

Wenn die Gefühle bezüglich der Ziele negativ sind, dann sollten Sie Ihre Gedanken bewusst ändern.

Dazu brauchen Sie wiederum die Klarheit, was Sie wirklich für sich wollen!

Und dann steht Ihren Bestellungen beim Universum oder Ihrem Einkauf im Universum nichts mehr im Wege. Wenn Sie eine Bestellung im Katalog aufgeben, haben Sie auch keinen Zweifel, dass Sie die Bestellung erreicht! ODER?

4. Nutzen Sie die „authentische positive Sprache" zur Steigerung des Selbstbewusstseins und zur Stärkung des Selbstwertes.

Unsere aufgeklärte Gesellschaft verlangt von Ihnen, dass Sie zumindest im Berufsleben selbstbewusst auftreten.

Auch in der Schule wird dies von unseren Kindern immer mehr gefordert.

Wer nicht selbstbewusst auftritt, wird nach dem Hackprinzip, übrigens ein archaisches Gesetz, gemobbt oder anderweitig ausgegrenzt.

✓ **Durch die bewusste Verwendung der Modalverben KÖNNEN, MÜSSEN, DÜRFEN können Sie sich und Ihre Familie stärken.**

Haben Sie schon einmal darauf geachtet, wie oft Sie sich durch die Aussage „Ich kann nicht!" selbst begrenzen?

Diese Sätze werden zur selbsterfüllenden Prophezeiung, wenn sie zu Ihrem ständigen Sprachrepertoire gehören! Dabei meinen Sie oftmals „ich will nicht", wenn Sie „ich kann nicht" sagen.

Übung:

Sprechen Sie folgende Sätze laut aus und fühlen Sie die unterschiedliche Wirkung der Aussagen:

Mein Tipp: Achten Sie dabei besonders auf Veränderungen oder Unterschiede im körperlichen Empfinden des Bauch- und Herzbereiches sowie auf das Gefühl in Ihren Beinen.

Wo oder wie spüren Sie den Unterschied der beiden Aussagen in Ihrem Körper?

✗ „Ich will nicht aufstehen."
✓ „Ich kann nicht aufstehen."

Sie müssen nicht gleich im Wahlkampfteam von Barrack Obama (derzeitiger Präsident der USA – Motto: Yes, we can!) mitarbeiten, wenn Sie Ihre Stärken durch Ich kann! betonen. Aber an diesem Beispiel können Sie sehr gut erkennen, wie Millionen von Menschen im Wahlkampf durch positive Formulierungen begeistert wurden.

✓ **Nutzen auch Sie dieses Prinzip zur Stärkung Ihres Selbstbewusstseins und der Menschen, die Sie umgeben.**

Spüren Sie, wie unterschiedlich Sätze mit „ich kann" oder „ich kann nicht" auf Sie wirken. Probieren Sie es aus, wie gut es sich anfühlt, wenn Sie etwas können und wie Sie sich dadurch selbst motivieren, in Aktion zu gehen.

Nutzen Sie dieses Prinzip auch zur Motivation Ihrer Familie, ihres Partners, Ihrer Kinder oder Ihrer Mitarbeiter. Jeder Mensch möchte von klein auf etwas können, es anderen zeigen, was er kann und an den Herausforderungen wachsen. Dies ist ein Grundprinzip der menschlichen Entwicklung.

Viel zu oft hören Sie im Leben oder haben es gehört, besonders in den Prägezeiten der Kindheit, „Das kannst du nicht!", wenn vielleicht nur „Das kannst du noch nicht!" gemeint war.

Die Verkürzung dieses Satzes hat für Generationen von Kindern und Eltern Auswirkungen auf das Selbstbewusstsein, den Antrieb und die Motivation.

Für das bessere Verständnis folgen **Beispiele** aus dem Alltag:

- ✗ „Das ist ja wieder typisch für dich."
- ✗ „Das war ja klar."
- ✗ „Da hab ich wohl zu viel von dir erwartet."

statt:

- ✗ „Ich bin von deinem Verhalten enttäuscht."
- ✗ „Was kannst du eigentlich?"

Bitte streichen Sie diesen entwürdigenden Satz ersatzlos:
- ✗ „So mag dich keiner!"

Das Kind speichert zu einem großen Prozentsatz die schreckliche Affirmation: „Keiner mag mich!" Das Wort „so" mit dem Bezug zu einer bestimmten Handlung wird das Kind mit großer Wahrscheinlichkeit überhören und nicht bewerten.

✓ „Dein Verhalten verletzt (oder stört) mich und die anderen Personen."

✗ „Du bist so dumm!"

Bitte streichen Sie diesen entwürdigenden Satz ersatzlos!

„Die/der Andere!"

Diese Formulierung wird meistens im Dialekt verwendet. Eine Person nicht mit ihrem Namen anzusprechen, wenn man den Namen kennt, ist unhöflich und in diesem Fall sogar abfällig. Also streichen Sie bitte wieder ersatzlos diesen Ausdruck und verwenden Sie den Namen.

In unserer Gesellschaft ist es üblich, alles zu bewerten und zu verurteilen. Viel zu oft wird dadurch das Selbstwertgefühl „zarter Kinderseelen" vernichtet.

✓ **Seien Sie achtsamer im Umgang mit der Sprache!**

Schreiben Sie zur **Übung** und zur Heilung Ihres „inneren Kindes" mindestens 20 Sätze auf, die mit „ich kann" beginnen. Denken Sie daran, die Sätze auch wirklich zu fühlen, sie regelrecht zu verinnerlichen!

✓ **Unterstützen Sie Ihre Kinder in Ihrer Entwicklung, indem Sie Ihnen immer wieder bestätigen und sie darin bestärken, was sie können.**

✓ „Das kannst/machst du sehr gut!"

✓ „Du kannst sehr geschickt Fahrrad fahren."

✓ „Du kannst schon sehr weit und schnell schwimmen."

Jeder leitende Angestellte oder Chef weiß, wie wichtig die Motivation und Bestätigung der Mitarbeiter ist.

In der Familie wird dies oft vergessen, frei nach dem Motto: „Nicht geschimpft ist gelobt genug."

✓ **Denken Sie daran, auch Ihre Partnerschaft zu aktivieren und zu motivieren, indem Sie die Stärken Ihres Partners, Ihrer Partnerin hervorheben.**

Das Schöne daran ist: Schon bald werden Sie nach dem Prinzip der Anziehung positive Rückantworten und Bestätigungen durch Worte oder Handlungen für sich selbst erhalten. Sie sehen, der Einsatz lohnt sich doppelt.

Vielleicht verwenden Sie häufig die Formulierung **„man"**, wenn Sie „ich" oder „du" meinen. Dadurch geben Sie anderen Menschen die Möglichkeit, über Sie zu bestimmen. „Man" impliziert Unsicherheit und Inkompetenz. „Ich" stärkt Ihren Selbstwert und Ihr Selbstbewusstsein.

Negativbeispiel:

✗ Man könnte zum Eis essen gehen.

Gemeint ist aber:

✓ Ich möchte gerne (mit dir) Eis essen gehen.

Damit wird ein persönliches Bedürfnis, ein Wunsch selbstbewusst dargelegt.

✓ **Stärken Sie Ihren Selbstwert durch die „aktive Formulierung mit ICH".**

Die Verwendung des Aktivs unterstützt Sie dabei, die Verantwortung für das Gesagte oder für Handlungen zu übernehmen.

Je mehr Verantwortung Sie für Ihr Leben übernehmen, umso selbstbewusster werden Sie. Sie stärken Ihren Selbstwert, da Sie klar formulieren, was Sie wollen und tun bzw. getan haben. Sie stehen damit hinter dem, was Sie wollen. Somit gestalten Sie aktiv Ihr Leben.

Die Ansprüche der Gesellschaft an unsere Leistungsfähigkeit wachsen ständig. Viele Menschen spüren bewusst und unbewusst diesen Druck.

Statt sich selbst in Ihrer Ausstrahlung und positiven Wirkung auf andere zu stärken, setzen Sie sich zusätzlich durch die Verwendung der Formulierung: „Ich muss!" unter Druck.

Diese Formulierungen erzeugen in Kombination mit den anderen Anforderungen auf Dauer enormen Stress und können zu physischen und psychischen Erkrankungen bis hin zum Burn-out-Syndrom führen!

Viele Formulierungen mit „Ich muss" können Sie durch die Verwendung des Futurs verbessern oder entschärfen (s.a. Kapitel über die Modalverben):

✘ „Ich muss noch einkaufen gehen."
✓ „Ich werde heute noch einkaufen gehen."

✘ „Ich muss noch Hausaufgaben machen."
✓ „Ich werde nach dem Essen Hausaufgaben machen."

✘ „Ich muss noch Herrn Mayer anrufen."
✓ „Nach der Besprechung werde ich Herrn Mayer anrufen."

Die Verwendung der Zeitform „Futur" nimmt der Aussage den emotionalen Druck und schafft eine **zeitliche Struktur**! Dadurch werden Arbeitsabläufe klarer, der Zeitgewinn kann enorm groß sein.

Übung:

Schreiben Sie 10 Sätze mit „Ich muss" in Futur um.

Spüren Sie danach, welcher Freiraum dadurch für Sie entsteht! Der zeitliche und emotionale Druck lassen nach.

Das Modalwort „dürfen" steckt im Wort Bedürfnisse. Es hat also etwas damit zu tun, Bedürfnisse zu befriedigen oder befriedigen zu können.

Kinder hören von klein auf „Das darfst Du nicht!" dadurch entstehen Mangelgefühle und Selbstbeschränkungen.

✓ **Unterstützen Sie sich und Ihre Familie durch Formulierungen mit „ich darf, du darfst".**

Das Modalwort **dürfen** erlaubt etwas. Es hat eine andere Wertigkeit als können.

„Sie können dieses Auto fahren" verursacht ein anderes Gefühl als „Sie dürfen dieses Auto fahren".

„Sie können das Krankenhaus verlassen" fühlt sich anders an als „Sie dürfen das Krankenhaus verlassen".

Übung:

Bilden Sie 10 Sätze und mehr mit „Ich darf", um Ihre Mangelgefühle und Selbstbeschränkungen zu reduzieren oder aufzulösen. Genießen Sie das Gefühl der Fülle und Ihrer Wertigkeit:

- ✓ „Ich darf Schokolade essen."
- ✓ „Ich darf mir etwas zum Anziehen kaufen."
- ✓ „Ich darf glücklich sein."
- ✓ „Ich darf gesund sein."
- ✓ „Ich darf erfolgreich sein."

Jeder Mensch ist etwas ganz Besonderes und Einmaliges. Dieses Gefühl und Bewusstsein können Sie durch den gezielten Einsatz von bestimmten fördernden Formulierungen manifestieren. Unterstützen Sie sich und Ihr Umfeld mit positiven Aussagen und genießen Sie es, wenn diese Energie zu Ihnen zurückfließt und sich Ihr Leben dadurch immer positiver gestaltet.

Sie werden deswegen bestimmt auch nicht gleich überheblich oder narzistisch.

5. Gewalt in der Sprache des Alltags

✓ **Es ist ein universelles Gesetz, dass Kinder ihre
Eltern oder Erzieher, Lernende ihre Lehrer nachahmen, im positiven wie im negativen Sinne.**

Durch diese Nachahmung versucht der Lernende, dem Lehrer näherzukommen, Gemeinsamkeiten zu bilden, sich auf
die gleiche Stufe zu stellen.

Das gleiche Verhalten zeigt sich bei „Idolen" aus Fern-
sehsendungen oder auch aus populären Büchern (z.B. Harry
Potter und viele andere) oder Zeitschriften. Das gab es natürlich schon immer. Früher rezitierten die Menschen aus
Goethes „Faust", Karl May und ähnlichen Werken.

Inzwischen ist leider das Sprachniveau durch populäre
Billigproduktionen der Medien sehr abgesunken.

Immer häufiger beobachte ich, dass Eltern und Erzieher
sich auf diese Stufe herabbegeben und ihre Kinder oder
Schüler nachahmen, nicht umgekehrt. Dies ist ein Zeichen,
dass sich die Rollen verdreht haben.

Die Erwachsenen versuchen, da andere Bindungen fehlen,
auf diesem Weg Kontakt zu den Jugendlichen zu bekommen. Diese „falsche Kommunikation" ist ein Zeichen von
Unsicherheit der Erziehungsberechtigten. Das Verantwortungsgefühl für den Erziehungsauftrag bezüglich der Sprache ist hier verloren gegangen.

Andererseits findet sich die Gewalt in der Alltagssprache auch in etlichen Formulierungen, die auf die vergangenen Kriege zurückreichen:

„ab vom Schuss", „aus der Schusslinie" soll heute lediglich zum Ausdruck bringen, dass sich jemand außerhalb der Grenzen, also in Sicherheit befindet.

„Das schlägt wie eine Bombe ein." „Auf der Feier war eine Bombenstimmung." „Wir hatten heute ein Bombenwetter." „Heute habe ich einen Mordshunger!"

Bei Menschen, die ein Kriegsgeschehen miterleben mussten, werden durch diese Formulierungen intensive Zellerinnerungen ausgelöst.

Haben auch Sie schon eine „Mörder-Email" oder „Mörder-SMS" geschrieben? (Zur Erklärung: Mit dieser Formulierung bringen Sie zum Ausdruck, dass die Email oder SMS besonders umfangreich ist.)

Sie haben mit großer Wahrscheinlichkeit solche oder ähnliche Formulierungen schon einmal verwendet oder sie sind Ihnen zumindest geläufig.

Haben Sie sich jemals bewusst gemacht, was Sie da zum Ausdruck bringen?

Wie oft haben Sie bereits jemanden am Telefon „abgewürgt", statt ihn zu vertrösten oder den Anruf zu verschieben?

Hatten Sie auch schon ein „Attentat" auf einen Freund vor? Was geschieht, wenn er antwortet: „Na, dann schieß mal los"?

Das Wort „schlagen" steckt in vielen Zusammensetzungen: „Jemandem etwas vorschlagen." Verbessern Sie den „Kostenvoranschlag" durch die Formulierung „Angebot". Den „Ratschlag" können Sie z.B. durch die kurzen Worte „Rat" oder „Tipp" entschärfen.

„Das haut mich um" macht Sie bewegungsunfähig. Wollen Sie das wirklich oder sind Sie „beeindruckt"?

Für Ihre weitere Bewusstwerdung hat mir meine Freundin den Text einer Glückwunschkarte, die sicherlich lieb gemeint war, zur Veröffentlichung überlassen.

„Liebe ....,
wir wünschen Dir zu Deinem 30-jährigen Kriegsjubiläum alles Liebe + Gute, daß Du immer fit + gesund bleibst, um die künftigen Kämpfe zu gewinnen, daß Deine Waffen stets blank und geladen sind, und daß Deine Kameraden immer, auch in schlechten Zeiten an Deiner Seite bleiben!
Herzlichst ...."

Nach dem Gesetz der Anziehung ziehen Sie bekanntlich das an, was Sie denken, sprechen, fühlen und womit Sie sich befassen. Mit diesem Hintergrundwissen möchten sicherlich auch Sie auf derartige „Glückwünsche" verzichten.

Welche Funktion haben dann Zeitschriften, wie zum Beispiel „die aktuelle", um nur eine von vielen zu nennen, bei ihren Lesern?

Zur Verdeutlichung zitiere ich die „Schlag"-zeilen des Titelblattes vom 30. Juli 2011:

- „Schock für Caroline! Ihr Mann liegt auf der Intensivstation."
- „Viktoria. Oh nein! Ihr Traum ist zerbrochen."
- „Zurück in Monaco! Charlene. Wie echt ist dieses Lachen?"
- „Traurige Fotos! Lilo Pulver. Gefangen in der Einsamkeit!"

Grundlegende Gefühlsebenen werden hier angesprochen (Ängste, Träume, Sehnsüchte, Fröhlichsein, Alleinsein), und die Autoren finden so Zugang zu einem tiefen emotionalen Bewusstsein der Leser. Schade nur, dass die Emotionslage der Leser dadurch geschwächt wird, statt den Einfluss positiv zu nutzen und sie in der Zeit der umfassenden Herausforderungen zu stärken. Für mich ist das eindeutig „psychische Gewaltanwendung" bzw. „psychischer Missbrauch", um die Verkaufszahlen steigern zu können!

Das Gefährliche ist, dass Ihnen viele Formulierungen so vertraut sind, dass Sie sie nicht mehr als gewalttätig erkennen. Meistens haben Sie sie bereits als Kind gedankenlos von Ihren Eltern, Großeltern oder Erziehern übernommen.

Viele Worte voller Hass beziehen sich auf unliebsame Personengruppen. Die Geschichtssituation für die Diskriminierung liegt oftmals schon lange zurück. Die Personen, die verletzt werden sollen, haben damit nichts zu tun und gehören sogar einer anderen Personengruppe an. Denken

Sie an Nigger, Schlampe, Nutte, Jude, Ratte und viele andere mehr, die seit Generationen verunglimpft werden.

Es wurde schon immer mit Worten gekämpft (s.a. Wahlkampf), herabgesetzt oder ausgegrenzt. Dabei spielen Mimik, Gestik und Körperhaltung eine weitere wichtige Rolle. Sie können die negative Wirkung entscheidend steigern.

Es gab auch schon immer diskriminierende Witze über eine andere Rasse, ein anderes Land, das andere Geschlecht.

Warum müssen Sie „Konkurrenten in die Flucht schlagen", „sich für jemanden zerreißen oder aufarbeiten", „sich ein Bein für jemanden ausreißen" oder Sie „geben sich geschlagen"?

Machen Sie sich die Wirkung der Sprache bewusst. Reflektieren Sie Ihre Sprachgewohnheiten und stärken Sie sich und Ihr Umfeld lieber mit positiven, harmonischen Formulierungen.

6. Nutzen Sie die „authentische positive Sprache" in der Familie.

Sicherlich haben Sie sich bereits die Frage gestellt, wie Sie sich und Ihre Kinder bei der Erziehung durch „authentische positive Sprache" unterstützen können.

Warum ist „authentische positive Sprache" so wichtig für die Entwicklung Ihrer Kinder?

Seit einigen Jahrzehnten erforschen Wissenschaftler das Leben der Kinder im Uterus. Grundlegende Forschungsergebnisse hat dabei Alfred A. Tomatis im Bereich des Hörens erarbeitet. Er gilt als Wegbereiter der Musik- und Klangtherapie sowie moderner Sprech- und Gesangsschulen und pränataler (vorgeburtlicher) Psychologie. 1920 in Nizza geboren, wirkte er als Facharzt für Hals-Nasen-Ohren-Heilkunde, Professor für Audio-Psycho-Phonologie und Psycholinguistik.

Er erkannte, dass der Mensch, bereits lange bevor er das Licht der Welt erblickt, die Grundlagen für seine Persönlichkeit entwickelt.

Das Ohr ist das erste Sinnesorgan, das sich nach der Verschmelzung von Samen und Eizelle entwickelt und somit „das wichtigste Organ der Menschwerdung".

Bereits wenige Tage nach der Befruchtung bilden sich Ohransätze aus, in der 6. Schwangerschaftswoche sind das äußere, das mittlere und das Innenohr angelegt, zwischen der 12. und 18. Schwangerschaftswoche sind die späteren Strukturen des Gehörs fertig. Der Fötus beginnt also ab der 18. Woche zu hören. Ab diesem Zeitpunkt ist das Sinnessystem Ohr/Hören als erstes System des menschlichen Körpers vollkommen ausgebildet.

Hören und Fühlen – der Tastsinn – sind eng miteinander verbunden. Sie entwickeln sich als erste Sinne im Körper.

Aber obwohl Hören und Fühlen unsere primären Sinne sind, wird das Sehen in unserem Kulturkreis stärker bewertet.

„Die Basis aller Erfahrung bildet der Klang des Lebens, der dem Embryo durch den Körper, vor allem durch die Stimme der Mutter, vermittelt wird und auf den er reagiert. Das Gelingen des intrauterinen Dialogs ist erste Voraussetzung für Lebensbejahung und Liebesfähigkeit." (Tomatis, Der Klang des Lebens)

Die Erkenntnisse von Tomatis und seinen Nachfolgern machen bewusst, wie wichtig die Sprache und der Tonfall der Eltern, v.a. der der Mutter, für die Entwicklung des Kindes sind.

Der Fötus nimmt Sprache erst nur als Schwingung (Tastsinn durch Wahrnehmung der Körperspannung) wahr, die ihm angenehm oder unangenehm ist. Das heißt, er verbindet gewisse Schwingungsfrequenzen mit positiven oder negativen Gefühlen.

Im Laufe der intellektuellen Entwicklung werden diese Schwingungsfrequenzen klar mit Worten gekoppelt. Durch die Verbindung zur Gefühlswelt entstehen so psychologische Muster.

Sie können also sich und Ihr Umfeld, in diesem Fall speziell Ihre Kinder, durch eine positive Schwingung der Sprache auch positiv beeinflussen. Natürlich gilt dies leider auch im negativen Sinne.

Sie nehmen Schwingung über die Haut auf (Tastsinn), so dass Sie in Ihrer Gesamtheit beeinflusst sind.

Deswegen ist es so beglückend für Ihre Gesprächspartner, besonders natürlich für Ihre Kinder und Lebenspartner, wenn Sie aus dem Herzen heraus sprechen.

Die liebevolle authentische Schwingung Ihrer Worte (d.h., wenn Ihre Worte ehrlich gemeint sind) löst körperliche Spannungen und Ängste auf.

Übung:

Erinnern Sie sich an eine Situation in Ihrer Kindheit, in der Sie etwas kaputt oder schlecht gemacht hatten und es Ihren Eltern oder Erziehungsberechtigten beichten mussten.

Fühlen Sie die Situation erneut!

Spüren Sie, welche Muskelpartien sich aus Angst vor Strafe in Ihrem Körper zusammenziehen? Ängste sitzen vor allem im Bauch und im Nacken. Wahrscheinlich können Sie auch wahrnehmen, dass Sie Ihre Schultern zum Schutz vor möglichen Schlägen auf den Kopf hochziehen und dabei automatisch den Kopf einziehen, um sich damit kleiner (unsichtbarer) zu machen. Vielleicht spüren Sie auch den berühmten „Kloß im Hals". Ihr Körper läuft auf Hochtouren und bereitet alles für eine mögliche Flucht vor.

Dies alles läuft mehr oder weniger stark automatisch in Ihrem Körper ab, wenn Sie auslösende, belastende, negative

Worte oder Formulierungen hören, die Sie an solch unangenehme, angsterregende Situationen erinnern.

Keine liebende Mutter, kein liebender Vater möchte seine Kinder bewusst dieser Belastung aussetzen!

✓ **Die wichtigste Aufgabe von Eltern und Erziehungsberechtigten sollte es sein, Kinder zu selbst-bewussten Menschen zu erziehen, die VERTRAUEN in das LEBEN haben.**

Ein wichtiger Bestandteil dieser Erziehung ist die Hinführung zur bewussten Sprache und ihre positive Anwendung.

Betonen Sie immer wieder die Stärken Ihrer Kinder (siehe auch das Kapitel über die Stärkung des Selbstbewusstseins).

Meine Empfehlung: „Sag nicht, was du nicht bist/kannst, sondern sag was du bist/kannst!"

Formulieren Sie, was Ihr Kind bereits kann, und nicht, was es nicht kann!

Beispiel:

„Kannst du deine Schnürsenkel immer noch nicht selbst binden?"

Ihr Kind ist nicht „blöd" und weiß selbst, dass es die Schnürsenkel „noch nicht" selbst binden kann. Aber vielleicht ist es feinmotorisch noch nicht so weit entwickelt oder es braucht gerade persönliche Zuwendung und hat deswegen keine „Lust", sich die Schuhe selbst anzuziehen.

Mit oben genannten Aussagen schüren Sie unbewusste Schuldgefühle (das Kind entspricht Ihren Vorstellungen nicht), die das Leben Ihres Kindes unnötig belasten bzw. beschweren. Die gewünschte Motivation, dass sich Ihr Kind mehr anstrengt, führt bei den „besonderen Kindern des neuen Jahrtausends" eher zu Protest bzw. Verweigerung.

✓ Sagen Sie doch statt dessen: „Ich zeige dir, wie du die Schuhe selbst binden kannst!"

Als Mutter eines inzwischen erwachsenen Sohnes kann ich mich gut an die nervenaufreibenden Situationen bei der „Hinführung zur Selbstständigkeit" (klingt besser als „Er-ZIEHUNG") erinnern und weiß, dass jeder Mutter und jedem Vater einmal die Geduld ausgeht. Dennoch müssen Sie derart vernichtende Urteile wie „Kannst du das noch immer nicht?" aus Ihrem Sprachgebrauch ersatzlos streichen, wenn Sie Ihr Kind zu einem selbstbewussten Erwachsenen erziehen möchten.

Dieser Sprachgebrauch gilt natürlich nicht nur in der Familie oder Schule, sondern ist auch gegenüber Mitarbeitern absolut notwendig!

Bewertungen und Verurteilungen durch Sprache kommen sehr häufig vor. Der Redner will meistens sich selbst von einer Verantwortung oder von unbewussten Schuldgefühlen befreien und versucht dies auf den schwächeren Gesprächspartner zu projizieren. Häufig möchte er nur seine Macht demonstrieren. Kinder, Angestellte oder Mitarbeiter sind von ihrer Stellung her immer schwächer. Leider fühlen sich immer noch eine Vielzahl der Frauen verbal unterlegen und „schlucken" verurteilende (oft diskriminierende)Kommentare, was ihr Selbstwertgefühl weiter schwächt. (s.a. Kapitel „Gewalt in der Alltagssprache")

Die Liste von derart vernichtenden, demotivierenden Aussagen ist unendlich lang. Sicherlich sind auch einige der Formulierungen spaßhaft gemeint. Lustig findet dies aber nur der, der die Formulierung verwendet. Derjenige, der gemeint ist, fühlt sich im Normalfall verletzt oder wenigstens angegriffen. Ich möchte hier nur einige aufzählen, um das Bewusstsein dafür zu schulen, welche Aussagen wir oftmals gedankenlos übernehmen. Es folgen ein paar „Klassiker" und Anregungen, den Satz anders zu gestalten:

✗ „Kannst du das auch / schon wieder nicht?!"
✓ „Ich weiß, dass du das schaffst / dir das gelingt!"

✗ „Solange du deine Füße unter meinen Tisch stellst…"
✓ „Solange ich die Verantwortung für dich habe…."

✗ „Immer, wenn du Leistung bringen sollst, dann versagst du."
✓ „Ich weiß, dass du es das nächste Mal schaffst."

✗ „Sie dürfen schon weiter übersetzen, wir können Ihnen folgen."
✓ „Bitte übersetzen Sie zügig weiter."

✗ „Lass ruhig …liegen/stehen, dann haben wir morgen 2 davon."
✓ „Bitte räume … weg, damit es nicht gestohlen wird."

✗ „Erfroren sind schon viele, erstunken ist noch keiner."
✓ „Bitte dusche dich und wechsle deine Kleider."

Ironie können Kinder bis sie ca. 16 Jahre alt sind, noch nicht umfassend verstehen. Dadurch sind solche Sätze besonders verletzend.

✗ „Streng dich doch mal an. Gib dir Mühe."
✓ Jedes Kind gibt sich Mühe, wenn es richtig motiviert ist. Diese Aussage ist auf jeden Fall kontraproduktiv.

✗ „Du bist so egoistisch."(„Egoistisch zu sein, ist extrem negativ belastet. Der Unterschied zu „gesundem Egoismus" wird selten erklärt.)
✓ „Du handelst auf unsere/meine Kosten/Energie."

✗ „Du bist doch kein kleines Kind mehr."
✓ „Du bist schon groß genug und kannst Verantwortung für dich tragen."

✗ „Das ist falsch. Du machst das falsch."
✓ „Mache das so…/anders, dann hast du Erfolg."
✓ „Es gibt einen anderen Lösungsansatz."

✗ „Schäm dich!"
✓ „Ich bin traurig, dass du so gehandelt hast."
✓ „Schade, dass du so gehandelt hast."

✗ „Du bist blöd."
✓ „Dein Verhalten ärgert/verletzt mich."

✘ „Stell dich nicht so an."
✔ „Ich zeige dir gerne, wie es einfacher geht."

✘ „Reiß dich zusammen."
✔ „Ich bin für dich da, wenn du mich brauchst."

✘ „Ordnung ist das halbe Leben."
✔ „Wenn du Ordnung hältst, ist vieles einfacher."

✘ „Du bist auch nicht besser als die anderen."
✔ „Ich bin von deinem Verhalten (nicht von dir persönlich) enttäuscht."

✘ „Du bist wie dein Vater/deine Mutter."
✔ „Du übernimmst Verhaltensweisen deines Vaters/deiner Mutter."

✘ „Du nervst. / Du gehst mir auf die Nerven./ Du stresst."
✔ „Ich bin heute nicht belastungsfähig. Gehe mir lieber aus dem Weg."

✘ „Warum hilfst du mir nicht?"
✔ „Bitte hilf mir. Ich brauche deine Hilfe."

✘ „Dann hätte ich es auch selbst machen können."
✔ „Schade, dass du keine Lust hast, mir wirklich zu helfen, mich zu unterstützen."

✘ „Mach doch, was du willst."
✔ „Schade, dass du mich nicht Anteil nehmen lässt."

✗ „Du machst mich fertig."

✗ „Du bringst mich noch ins Grab."

✗ „Du machst mich verrückt."

✗ „Du machst mich wütend."

✓ „Ich fühle mich mit der Situation und deinem Verhalten überfordert."

✗ „Wenn ich das gewusst hätte, hätte ich dich niemals in die Welt gesetzt/ dir vertraut/ geglaubt."

✓ „Ich bin im Moment sehr enttäuscht und gekränkt." (oder ersatzlos streichen.)

✗ „Geh mir aus den Augen."

✗ „Ich will dich heute nicht mehr sehen."

✓ „Ich brauche Zeit, um über dein Verhalten nachzudenken. Lass mich jetzt bitte allein und gehe auf dein Zimmer."

✗ „Wenn du ….tust, dann habe ich dich nicht mehr lieb." (Bitte streichen Sie diesen Satz ersatzlos!)

✗ „Räum dein Zimmer auf, sonst fahre ich dich nicht… (Ist Erpressung wirklich ein Erziehungsmittel?)

✗ „Haben wir Säcke vor den Türen?"

✓ „Bitte schließe die Türen."

✗ „Ist dein Vater Glaser?"

✓ „Mache bitte meine Sicht auf den Fernseher frei. Danke!"

✗ „Was interessiert mich, was die anderen machen…"
✓ „Ich möchte nicht, dass du ….tust."

✗ „Was sollen denn die anderen denken."
   (Die Meinung der anderen ist nicht entscheidend.)

✗ „Wenn das jeder machen würde."
✓ „Bitte verhalte dich korrekt."

✗ „Du ziehst dich aber noch um, oder?"
✓ „Ziehe dir bitte noch etwas Hübsches/Sauberes an."

✗ „Du bist ganz schön fett geworden."
✓ Ersatzlos streichen. Jeder, der zugenommen hat weiß das selbst, fühlt sich von der zu engen Hose gequält und ist bestimmt nicht glücklich darüber.

✗ „Du bist doch eigentlich so ein hübsches Mädchen."
✓ „Ich freue mich, wenn du dein hübsches Aussehen noch mehr pflegst/unterstreichst."

✗ „Es wird gegessen, was auf den Tisch kommt."
✓ „Ich habe mir viel Mühe beim Kochen gegeben, damit es allen schmeckt."

✗ „Als ich in deinem Alter war…."
✓ …war das Leben ganz anders, jeder Vergleich hinkt.

✗ „Hier sieht es aus wie bei Hempels unterm Sofa."
✗ „An deiner Stelle würde ich mich schämen."

✓ „Ich freue mich, wenn du dein Zimmer möglichst bald aufräumst. Dann fühlst du dich auch wieder wohl darin."

✗ „Ich wünsche dir, dass dein Kind später mal genauso ist wie du."

✗ „Warte nur, bis du selbst mal Kinder hast."

✓ „Wenn du später selbst Kinder hast, wirst du mich besser verstehen."

✗ „Du lernst nicht für mich, sondern fürs Leben."

✓ „Was du jetzt lernst, hilft dir im Leben weiter."

✗ „Zu meiner Zeit hätte es das nicht gegeben."

✓ Die Zeiten sind anders.

✗ „So ist das Leben: hart, aber gerecht."

✓ „Leider lernen wir vor allem aus Fehlern am besten. Fehler sind Lernimpulse."

✗ „Womit habe ich das/ dich verdient?"

✓ „Ich bin gerade enttäuscht."

✗ „Wenn du heulst, kriegst a Watschn (Ohrfeige), damit du weißt, warum du heulst?"

✓ Ersatzlos streichen!

✗ „Hast du eigentlich nichts dazu gelernt?"

✓ „Mache/wiederhole nicht die gleichen Fehler."

✗ „Ich dachte, ich kann mich auf dich verlassen."

✗ „Du bist unverbesserlich."

✓ „Ich bin von deinem Verhalten enttäuscht (nicht von dir)."

✗ „Hör auf, sonst passiert was."
Bitte nur formulieren, wenn Sie klare Konsequenzen aussprechen und bereit sind, sie einzuhalten, z.B.: dann bekommst du Fernsehverbot…

✗ „Ich kann (wirklich) nicht mehr."

✓ „Ich bin wirklich sehr enttäuscht."

✗ „Dir was zu sagen ist sinnlos".

✗ „Du hörst ja eh nicht."

✓ „Höre mir bitte zu."

✗ „Ich frag mich, für wen ich das alles mache."

✗ „Werde du erst mal so alt wie ich."

✓ „Ich bin traurig, dass ich nicht geachtet und anerkannt werde."

✗ „Jetzt komm endlich."

✓ „Bitte komme, ich warte schon so lange auf dich."

✗ „Wenn du nicht kommst, lassen wir dich hier."
Ersatzlos streichen, v.a. bei kleinen Kindern!

✗ „Finger weg!"

✓ „Fasse das bitte nicht an!"

✗ „Von mir hast du das nicht."
✓ „Dein Verhalten stört/verletzt mich."

✗ „Es geschehen noch Zeichen und Wunder…"
✗ „Du kannst doch, wenn du willst!"
✓ „Ich freue mich, dass du … tust/getan hast."

✗ „Wie oft muss ich dir das noch sagen?"
✗ „Ich habe es dir schon 1000 x gesagt…" „Mann, bist du blöd!"
✗ „Das habe ich dir schon so oft erklärt!"
✓ „… (Name) höre mir bitte besser zu."

✗ „Das kann man nicht machen."
✓ „Bitte tue das nicht wieder."

✗ „Wenn du immer so bissig bist, bekommst du nie einen Mann."
✓ Ersatzlos streichen, sonst gibt es später tatsächlich keine Enkelkinder!

✗ „Du musst erst mal beweisen, was du kannst."
✓ „Ich weiß, dass du das kannst/schaffst."

✗ „Ein Indianer kennt keinen Schmerz." (Meist verwendet man den Satz in einem spaßhaften Zusammenhang.)
✓ „Ich weiß, dass das sehr weh tut."

✗ „Den seinen gibt's der Herr im Schlafe."
✓ „Ich beneide dich um dein Selbstverständnis."

✗ „Du bist sooo naiv."

✓ „Ich möchte dir gerne helfen, die Dinge klarer zu sehen."

✗ „Du magst mich eh nicht."

✓ Verzichten Sie auf Erpressungen, gerade wenn sie so subtil sind.

✗ „Alle Wünsche kann man nicht erfüllen."

✓ „Ich kann dir leider nicht alle Wünsche erfüllen."

✗ „Was hast du da denn wieder gemacht?!"

✗ „Was fängst du da wieder an!"

✓ „Ich helfe dir, das wieder in Ordnung zu bringen."

✗ „Wenn du nicht lernst, bleibst du so dumm, wie du bist!" Ersatzlos streichen!

Die Liste können Sie sicherlich auch selbst noch unendlich verlängern! Ich wünsche mir, dass ich Ihnen zumindest Anregungen für Umformulierungen gegeben habe.

Sehr oft betonen wir mit Aussagen das, was wir nicht wollen. So zum Beispiel bei:

✗ „So wird das nie etwas!" „Kannst du überhaupt etwas richtig machen?!"

statt

✓ „Probiere es noch einmal anders! Du kannst das bestimmt!"

✗ „Vergiss nicht!"
statt
✓ „Denke daran!"

✗ „Ich versuche etwas zu tun."
statt
✓ „Ich tue es!"

Im Wort „ver-suchen" steckt einerseits die Vorsilbe „ver", die einen verneinenden Charakter hat, und das Wort „Suche", was ebenfalls einen Erfolg in Frage stellt. Man sucht ja und hat (noch) nicht gefunden!

Siehe auch:

✗ Hilf mit bitte, meinen Schlüssel zu suchen.
✓ Hilf mir bitte, meinen Schlüssel zu finden.

Besonders Kinder brauchen klare Angaben, ob und wie sie etwas tun sollen. Die Verwendung des Konjunktivs als Höflichkeitsformel, so wie Sie es gelernt haben, ist da oftmals kontraproduktiv.

✗ „Könntest du bitte den Müll wegtragen?"

viel klarer ist:
✓ „Bitte trage den Müll weg."

noch klarer ist:
✓ „Bitte trage den Müll gleich weg."

✗ „Wir könnten später zum Schwimmen gehen!"

✓ „Wenn Du möchtest, gehen wir in 1 Stunde zum Schwimmen!"

✓ **Die Verbindung mit klaren Zeitangaben bringt Struktur in den Tagesablauf.**

Mit derartigen Sätzen bringen Sie viel Klarheit für beide Seiten in den Alltag ein. Jeder der Beteiligten weiß dann, woran er ist, und kann sich an vorgegebene Regeln und Abmachungen halten.

Sich denjenigen gegenüber, die Sie am meisten lieben, abgrenzen zu können, ist eine sehr schwierige Lernaufgabe. Aus meinem Praxisalltag weiß ich, dass es Sie aber auch am meisten belastet, wenn Sie es nicht können.

Der Schulstress der Kinder belastet das Familienleben oftmals enorm. Viele Eltern lernen intensiv mit ihren Kindern für Prüfungen. Da ist es auch kein Wunder, dass viele Eltern sich so oder ähnlich äußern:

„Hoffentlich schreiben wir morgen in Englisch wenigstens eine 4."

„In Mathe haben wir in der letzten Schulaufgabe eine 3 geschrieben."

✓ **Hier ist die Abgrenzung zum Wohl der gesamten Familie dringend erforderlich.**

Ich habe für mich persönlich festgestellt, dass ich durch den bewussteren Umgang mit der Sprache viel klarer in meinem Denken und in meinem Handeln geworden bin. Das Leben bekommt eine „angenehme" Struktur. Die Abgrenzung kommt somit von innen heraus. Sie ist dadurch authentisch und wird deswegen auch vom Gesprächspartner als ganz natürlich ohne Widerrede akzeptiert.

Diese klare Sprache mag für Ihre Familie, Ihren Partner und Ihr Umfeld anfangs ungewöhnlich klingen, aber schon bald lernt jeder Beteiligte die Vorteile zu schätzen, da Missverständnisse und Spannungen immer seltener auftreten.

Sie werden immer sicherer und zielgerichtet in Ihrem Ausdruck und können sich klar abgrenzen.

Ich empfehle Ihnen, sich allgemein übliche Floskeln und Sprechgewohnheiten „auf der Zunge zergehen" zu lassen, sie zu reflektieren und sich mit Ihrem gesamten Körper und Ihrem Bewusstsein an die Aussage hinzuspüren. Dann geben Sie diese unreflektierten Sprechgewohnheiten nicht an Ihre Kinder weiter.

Ich bin selbst schon so manches Mal erschrocken, wie viel unnötig Negatives und was für einen „Blödsinn" ich gesagt habe. Durch die ständige Eigenreflektion wird es immer besser.

Aus einer emotionalen Unsicherheit heraus, der Angst vor Verletzung oder der Möglichkeit, kritisiert zu werden, benutzen Menschen negativ formulierte Aussagen, um Positives auszudrücken. Dadurch bleibt ihnen die Option offen, dass sie die Aussage gar nicht so gemeint haben, wenn der Gesprächspartner darauf nicht so reagiert, wie sie gehofft oder erwartet haben.

Hier ein paar Beispiele:

- ✗ „Ich bin mit meiner Frau nicht unglücklich!"
- ✓ „Ich bin mit meiner Frau glücklich!"

- ✗ „Du bist ein schlimmer Optimist!"
- ✓ „Es ist schön, dass du in allen Herausforderungen etwas Positives finden kannst!"

- ✗ „Warum eigentlich nicht?!"
- ✓ „Ja!"

- ✗ „Ich kann nicht klagen!"
- ✗ „Ich kann mich nicht beschweren!"
- ✓ „Es geht mir gut!"

- ✗ „Das Wetter ist nicht schlecht."
- ✗ „Der Urlaub war nicht schlecht."
- ✗ „Das Essen war nicht schlecht."
- ✓ „Das Wetter ist schön!"
- ✓ „Der Urlaub war gut!!!"
- ✓ „Das Essen hat gut geschmeckt!"

Wenn Sie eine gewisse Sensitivität für diese Aussagen gewonnen haben, werden Sie erstaunt und betroffen sein, wie oft Dinge negativ umschrieben werden, statt sie positiv zu formulieren und sich daran zu erfreuen!

✓ **Mit negativen Formulierungen beschweren Sie sich, Ihr Leben und das Leben derjenigen, mit denen Sie kommunizieren.**

Wollen Sie das wirklich? Das Leben bietet genügend andere Herausforderungen!

In meinen Seminaren und Schulungen üben Sie authentische positive Formulierungen und erweitern Ihr Bewusstsein zum Thema „Klare und bewusst angewandte Sprache".

✓ **Genießen Sie das Leben da, wo es möglich ist, und erleichtern Sie es sich, wo es nur geht!**

Sind auch Sie mit Negativformulierungen groß geworden? Sie haben dadurch das Gefühl für die wirkliche Bedeutung der Worte verloren oder hatten niemals die Möglichkeit, es überhaupt zu erlangen. Sie haben zum Schutz vor Verletzung einen Panzer angelegt, um die Wirkung der Worte nicht wirklich spüren zu müssen. Dabei ist aber auch ein Stück weit die Sensitivität, das Fühlen, der Zugang zur Innenwelt auf der Strecke geblieben. Dies bedeutet wiederum, dass ein Teil der Authentizität verloren ging.

Im Nachlass meiner Familie befinden sich Liebesbriefe meiner Urgroßeltern von 1889, einen davon möchte ich gerne im Folgenden (in damaliger Rechtschreibung) veröffentlichen:

Bayreuth, 28 Juni 1889

Meine teuere Margaretha!

In Begleitung meiner ....
hatte ich öfters die Gelegenheit in Ihrer
Nähe verweilen zu können & konnte ich
z. Z. nicht wagen Sie um Ihre werthe Freundschaft zu bitten was mir zu meiner
größten Freude doch gewährt wurde.

Seit 5 Monaten konnte ich nicht oft
genug Zeuge Ihrer Liebenswürdigkeit &
der seltenen Vorzüge Ihres Geistes & Herzens
sein & habe ich endlich den Muth gefaßt
Ihnen schriftlich zu sagen, was mein Herz,
meinem Mädchen Ihnen vielleicht schon längst
verrathen, nur die schüchterne .... nicht
auszusprechen wagte Das Geständniß meiner aufrichtigen Liebe zu Ihnen.

Wenn ich bis jetzt noch nicht wagte
Dies gegen Sie auszusprechen so habe ich
....

nur einen unüberwindlich Schüchternheit
& die Schmerz Ihnen vielleicht zu nicht
fallen davon zurückgehalten.

Vernehmen Sie denn jetzt ein seliger
Schwur, & ich sich meinen ganzen Leben
an das Ihrige knüpft, daß ich Ihr lieb,
treu verehren werd bis zum letzten Athemzug. Sollten Sie über mein Geständniß zürnen, denn werden Sie es gewiß
nur mit Güt & Nachsicht thun & mir
wenigstens die Litt nicht versagen, euch
ferner das zu sein wofür Sie mich bis
jer halten, Ihr Freund.

Es soll jedoch keine Übereilung Sie
jemals einen Schritt kommen lassen zu
dessen Entschluß ein Jeder der reiflichsten
Überlegung bedarf. Prüfen Sie mich mein
Fräulein, mein Herz ist jetzt wieder leicht &
will ich mich Ihnen ganz zeigen, wie ich
denke & empfinde.

Entscheiden Sie also über mich &

verbleibe ich bis dahin

Ihr treu ergebener Freund

[Signature]

Adr.
Bayreuth No 59.

Meine teuere Margaretha,

in Begleitung meines Busenfreundes hatte ich öfters die Gelegenheit in Ihrer Nähe verweilen zu können und konnte ich nicht umhin, Sie um Ihre werthe Freundschaft zu bitten, was mir zu meiner größten Freude auch gewährt wurde.

Seit 5 Monaten konnte ich nicht oft genug Zeuge Ihrer Liebenswürdigkeit und der seltenen Vorzüge Ihres Geistes und Herzens sein und habe ich endlich den Mut gefaßt, Ihnen schriftlich zu sagen, was mein Herz, meine Blicke, Ihnen vielleicht schon längst verraten und nur der schüchterne Mund nicht auszusprechen wagte, das Geständnis meiner aufrichtigen Liebe zu Ihnen.

Wenn ich bis jetzt noch nicht wagte, dies gegen Sie auszusprechen, so hat mich nur eine unüberwindliche Schüchternheit und die Besorgnis, Ihnen vielleicht zu mißfallen, davon zurückgehalten.

So vernehmen Sie denn jetzt die heiligste Beteuerung, daß sich mein ganzes Leben an das Ihrige knüpft, daß ich Sie liebend verehren werde, bis zum letzten Athemzug.

Sollten Sie über mein Geständnis zürnen, dann werden Sie es gewiß mir mit Güte und Nachsicht thun und mir wenigstens die Bitte nicht versagen, auch ferner das zu sein, wofür Sie mich bisher hielten, Ihr Freund.

Es soll jedoch keine Übereilung Sie jemals einen Schritt bereuen lassen, zu dessen Entschluß ein Jeder der reiflichsten Überlegung bedarf.

Prüfen Sie mich, mein Fräulein.

Mein Herz ist jetzt wieder leicht und will ich mich Ihnen ganz zeigen, wie ich denke und empfinde. Entscheiden Sie also über mich und verbleibe ich bis dorthin Ihr treu ergebener Freund

Georg Küfner

Welch wundervolle, blumige und beseelte Sprache!

Was für eine Achtsamkeit spricht aus diesen Worten!

Jede Frau, jeder Mann wünscht sich wohl, so einen Liebesbrief einmal selbst zu erhalten!

Zwischen heute und damals liegen zwei verlorene Weltkriege. Haben diese unseren Sprachgebrauch so negativ geprägt oder ist es die Globalisierung mit der zunehmenden Verwendung von Anglizismen, die die deutsche Sprache so verarmen lässt.

Die Kinder der neuen Zeit sind bewiesener Maßen besonders sensitiv. Fordern sie eine neue/alte Verwendung der Sprache wieder ein?

Sie erkennen sofort, wenn Menschen nicht authentisch sprechen und leben. Sie „bäumen" sich regelrecht dagegen auf. Diese Menschen sind für sie nicht glaubwürdig und somit nicht vertrauenswürdig. Deswegen lehnen sich viele Kinder gegen ihre Eltern und Erziehungsberechtigten auf und gelten als schwer/schwerer erziehbar.

Belastend kommt hinzu, dass das Schulsystem in sich widersprüchlich und an die neue Zeit mit anders fühlenden Kindern nicht angepasst ist.

Überprüfen Sie, ob das, was Sie sagen, was Sie denken und was Sie durch Ihre Körpersprache ausdrücken, übereinstimmt.

Authentisch zu sein bewirkt, in jeder Lebenssituation erfolgreich zu sein!

✓ **Seien Sie authentisch und übernehmen Sie die Verantwortung für das, was und wie Sie es sagen!**

So ertappe ich mich beim Schreiben dieses Buches immer wieder, dass ich viele Sätze mit „man", statt mit einer klaren Zuordnung zu meiner oder Ihrer Person formulieren möchte, und korrigiere dies, wo es dem Sinn entspricht.

Um authentisch zu sein, ist es außerordentlich wichtig, dass Sie die Verantwortung für Handlungen und Aussagen übernehmen. „Man" schwächt die Klarheit für die Aktion und die daran beteiligten Personen.

Durch die Verwendung des unpersönlichen Wortes „man" werden Aussagen aus Angst vor Bewertung oder Verurteilung „wischiwaschi" (wie der Volksmund so deutlich sagt), also unklar formuliert.

✓ **Das Bewerten und Verurteilen ist ein „archaisches Prinzip". Die Angst, selbst bewertet und verurteilt zu werden, steckt ganz tief in unseren Seelenanteilen.**

Es ist auch das Erste, mit dem Sie als frisch geborener Säugling konfrontiert werden.

- „Es ist ein Junge/Mädchen."
- „Es ist …cm groß."
- „Es wiegt…" usw.

Sie werden die gesamte Kindheit und Jugend, ihr gesamtes Leben lang bewertet und beurteilt, oft genug auch verurteilt. Um sich selbst davon zu entlasten, beginnen Sie irgendwann damit, auch andere Menschen aus Ihrem Umfeld zu bewerten, zu beurteilen und manchmal sogar zu verurteilen.

Lassen Sie uns zurückerinnern an das Kapitel über „Positives Denken".

Ein Grundprinzip davon ist das Gesetz der Anziehung:

✓ **„Das, was wir säen, das werden wir ernten!"**

Machen Sie sich bewusst, wann und mit welchen Aussagen, Sie die Menschen in Ihrem Umfeld bewerten, beurteilen oder verurteilen, und ändern Sie Stück für Stück (auf einmal geht das nicht) Ihr Denken und Ihre (oftmals vernichtende) Sprache.

Somit werden Sie selbst immer seltener mit demotivierender Beurteilung konfrontiert und können die Ängste davor langsam auflösen.

Machen Sie bitte nachfolgende **Übung**, wenn Sie in einem Café, Restaurant, beim Baden oder wo auch immer sind, wo Sie sonst Ihre Mitmenschen gemustert und über sie gelästert haben.

Bedenken Sie: **Lästern ist aller Laster Anfang!**

Gehen Sie stattdessen dazu über, Ihre Mitmenschen nur zu betrachten, ohne zu bewerten, welche Kleidung sie tragen, wie sie sich bewegen oder wie sie sich anderen gegenüber verhalten. Stellen Sie sich selbst nicht über andere Menschen, wenn Sie bei ihnen etwas „Negatives" sehen.

Nehmen Sie einfach nur wahr!

Dem einen oder anderen mag diese Übung schwerfallen, wie das halt so ist, wenn Sie ungute Gewohnheiten abstellen möchten. Bedenken Sie bitte, dass Bewertungen äußerst subjektive Einschätzungen, nämlich aus Ihrer Sicht, sind. Im Gegenzug sind Sie das nächste Mal das „Opfer". Sie kennen sicherlich das ungute Gefühl, wenn jemand Sie musternd betrachtet.

Bewertende Gedanken sind die erste Stufe, doch wenn Sie diese Gedanken auch noch in Worte fassen, dann werden sie manifest!

Probieren Sie es selbst mit einem **Übungspartner** aus (üben Sie auch mit Ihren Kindern):

- Setzen Sie sich Ihrem Partner gegenüber und bitten Sie ihn, Schlechtes von Ihnen zu denken.
- Spüren Sie seine/ihre schlechten Gedanken über Sie. (Lassen Sie ihn/sie zum Vergleich auch gut über Sie denken, damit Sie den Unterschied besser wahrnehmen.)
- Lassen Sie ihn diese Gedanken auch noch aussprechen.
- Nehmen Sie die Wirkung wahr!

Sicherlich können Sie nicht alle Anregungen zur Veränderung Ihrer Sprache auf einmal und schnell umsetzen. Deswegen möchte ich Ihnen den Tipp geben, dass Sie sich immer wieder neue und kleine Bereiche auswählen, die Sie verändern und perfektionieren. Übung macht bekanntlich den Meister.

7. Nutzen Sie die „authentische positive Sprache" in Erziehung, Bildung, Pflege und Geschäftsleben.

Das Berufsleben unterliegt besonderen Strukturen.

Es wird von Ihnen erwartet, dass Sie sich in Kleidung, dem äußeren Erscheinungsbild und dem sprachlichen Ausdruck an die für das entsprechende Berufsbild üblichen Gegebenheiten anpassen.

Außerdem ist die Sprache mittlerweile mit Fachbegriffen, meist Anglizismen, oder Abkürzungen dermaßen „gespickt", dass es einem Nicht-Fachmann schwerfällt, den Inhalt zu verstehen. Viele von Ihnen möchten sich dann auch nicht die Blöße geben und ihr Verständnisproblem zugeben (denn Sie haben schließlich auch einen angesehenen, hochkarätigen Berufs- oder Hochschulabschluss, vielleicht in einem anderen Bereich, absolviert – Sie sind also, salopp ausgedrückt, nicht „blöd".). Somit bleiben Verständnisprobleme zurück, da Sie sich nicht trauen, nachzufragen. Die Folgen spüren Sie nicht unbedingt sofort, aber durchaus später. Missverständnisse werden so immer wieder weitergegeben.

Ebenso können Sie beobachten, dass die Sprache immer unklarer wird, je schwieriger der Sachverhalt ist.

Andererseits wird sie immer unpersönlicher und im wörtlichen Sinne „un-menschlich". Damit schwindet der **„menschliche Umgang"** ganz allgemein. Die Sprache wird auf Fakten reduziert und somit auch der Mensch.

Immer häufiger schildern mir Patienten in meiner Praxis, wie sehr sie darunter leiden, dass der berufliche Druck, das Arbeitspensum zunehmen und dadurch auch die Achtung der Mitarbeiter untereinander leidet, was den erstgenannten Druck noch viel schlimmer macht. Ein positives, achtsames Betriebsklima wird durch die wirtschaftlichen Herausforderungen der Betriebe immer entscheidender für die Leistungsfähigkeit, die Motivation und den Gesundheitsstatus der Mitarbeiter. Um es kurz auf den Punkt zu bringen: Die Mitmenschlichkeit ist eine der wichtigsten Säulen, damit ein Betrieb Angestellte hat, die dauerhaft das Unternehmen erfolgreich machen. (s.a. meine Schulungen für Unternehmen www.sensitive-team-beratung.de)

Die „authentische positive Sprache" bringt Klarheit in die Kommunikation von Kindergärten, Schulen, Schulungen, in Unternehmen und in die Verwaltung, also in den Bildungs- und in den Berufsalltag. Sie senkt die Anzahl der Missverständnisse und stärkt den Selbstwert und das Selbstbewusstsein aller, die mit authentischer positiver Sprache kommunizieren.

Der ganzheitliche Ansatz als Grundlage ist Garant für Wertigkeit, Achtsamkeit und Menschlichkeit.

„Authentische positive Sprache" bei Erziehung und Bildung.

Wenn Sie mit Erziehung, Fortbildung oder Bildung zu tun haben, dann haben Sie eine besondere Verantwortung für Ihre Sprache, denn Sie sind Vorbild.

Ihre Art zu sprechen hat eine besondere Wirkung und wird unbewusst nachgeahmt.

In diesem Sinne hat Sprache auch etwas mit Heimat zu tun. Sie werden durch sie von Kindheit an auf bestimmte (Sprach-)Strukturen und (Sprach-)Gewohnheiten geprägt, die durch die Familie oder die geographische Lage, den Kulturkreis oder den Sozialstatus gegeben ist.

Da hauptsächlich in der Kindheit die Emotionen für Heimat und Lebenswurzeln geprägt werden, ist es wichtig, dass Erzieher (also Eltern, Kindergartenerzieher, Lehrer, Trainer usw.) über die Eigenarten des jeweiligen Dialektes reflektieren.

Hierher passt ein kurzer Exkurs zur bewussten Auseinandersetzung mit den Eigenarten der unterschiedlichen **Dialekte**. Exemplarisch möchte ich den oberbayrischen Dialekt verwenden.

Der oberbayrische Dialekt ist von vielen Verneinungen geprägt, die aber positiv gemeint sind.

Zur besseren Verdeutlichung ein Beispiel:

„Des Dirndl is net unrecht."
Gemeint ist in etwa: „Dieses Mädchen ist nett oder sympathisch".

Der is net blöd."
Gemeint ist: „Er ist in Ordnung, clever, schlau, intelligent oder gar klug."

Wie wir alle wissen, sind historisch gesehen speziell Oberbayern, aber auch andere Gebiete Deutschlands, sehr stark katholisch geprägt. In früheren Jahrhunderten hatte die Kirche den Anspruch, die Gläubigen klein und demütig zu halten. Sicherlich war dabei auch die Sprache ein wichtiges Mittel, um den Unterschied zwischen normalen Bürgern und dem Klerus zu vergrößern und entsprechende Machtbefugnisse auszubauen. Es ging darum, das „Leid Christi" zu betonen und das Gefühl der Freude klein zu halten. Somit hielt man auch den Normalbürger klein.

Ich möchte alle ermuntern, die im Dialekt sprechen, sich die Freude an diesem Dialekt beizubehalten. Im Besonderen möchte ich sogar auf die Wichtigkeit des Erhalts der verschiedenen Dialekte hinweisen, denn es geht, wie bereits erwähnt, um den Erhalt der eigenen Wurzeln, die speziell von Eltern, Familie und Erziehern unterstützt werden müssen.
Ihre eigenen Wurzeln zu spüren oder sich auch wieder neu zu verwurzeln, wenn Sie entwurzelt wurden (durch Umzug oder gar Vertreibung), ist elementar wichtig für Ihr

Lebensglück und Ihre Zufriedenheit. Begegnen Sie ähnlichen oder gleichen Strukturen bzw. Gewohnheiten, erinnern Sie sich an Ihre Wurzeln.

Im positiven Sinne fühlen Sie sich geborgen oder gar zu Hause, im negativen werden Sie an Demütigungen, Verletzungen oder eine problematische Kindheit erinnert.

Genau hier setzt Ihre Aufgabe als Erzieher im weitesten Sinne an, die Ihnen anvertrauten Kinder zu unterstützen, ihre Wurzeln hier auf der Erde, in dieser Gesellschaft wachsen zu lassen. Ein wichtiges Hilfsmittel ist dabei die „authentische positive Sprache".

Erinnern Sie sich bitte an die Ausführungen über das Zellgedächtnis, das bereits im Mutterleib aktiviert wird.

Deswegen ist es entscheidend, mit welchem Bewusstsein, mit welcher Gestik, Mimik, Körperhaltung oder in welchem Tonfall Sie Formulierungen, auch negative, verwenden. Sie „dürfen" selbstverständlich alles sagen, wenn Sie sich dessen bewusst sind, was Sie sagen und welche Auswirkungen dies haben kann. Wenn Sie hinter dieser Aussage stehen, dann sind Sie authentisch.

Spüren Sie doch bitte trotzdem einmal bewusst den Unterschied der Aussagen:

✗ „Du bist net schierch (häßlich)."
✓ „Du schaust hübsch/schön aus."

Oder ein Beispiel aus Franken:

✗ „Gel an Rettich ham se net."
✓ "Bitte geben Sie mir einen Rettich."

Bedenken Sie auch, was schon Wolfgang von Goethe sagte:

„Keiner versteht den anderen ganz,
weil keiner bei demselben Wort genau dasselbe denkt,
wie der andere."

Entscheidend ist bei jeglicher Kommunikation, und dies wird speziell bei der Verwendung des Dialektes mit seinen von der Mentalität des Gebietes geprägten Eigenheiten deutlich, mit welchem Bewusstsein Sie was und wann sagen und mit welchem Bewusstsein (dem gleichen ortsgebundenen oder einem anderen) unser Gesprächspartner das Gesagte wahrnimmt!

Die Schwingung der Sprache und das Bewusstsein für sie haben wesentlich größere Auswirkungen auf unsere Psyche und die Entwicklung unserer Persönlichkeit, negativ wie positiv, als weithin angenommen wird.

Viel zu lange wurde das vergessen und unterschätzt!

Manch einer der schon älteren Erwachsenen wird sich denken: „Meine Erziehung war sehr streng und manchmal auch demütigend und aus mir ist auch etwas geworden!"

Doch bedenken Sie bitte, dass die Kinder, Jugendlichen und jungen Erwachsenen, die seit ca. 1980/1985 auf die Welt gekommen sind, immer sensitiver werden. Sie reagieren stärker auf verbale Angriffe und Ungerechtigkeiten.

✓ Die Kinder der neuen Zeit haben ein besseres
Gefühl dafür, wann ein Mensch nicht
authentisch ist.

✓ Sie sind dann authentisch,
wenn Sie sich so zeigen,
wie Sie wirklich sind.

Sobald Körpersprache (Mimik, Gestik, Haltung) und Aussage nicht übereinstimmen, wird auch die Person als Ganzes, als Autorität und Vorbild abgelehnt.

Deswegen haben immer mehr Lehrer große Probleme mit ihrer Durchsetzung in der Schule.

Viele Lehrer leben in einem inneren Konflikt mit der Auswahl der zu vermittelnden Lerninhalte und den Lernmethoden, die sie anwenden dürfen, oder sind gerade selbst in einer schwierigen persönlichen Lebenssituation, die sie meistern müssen.

Eine Vielzahl der Schüler spürt dies sofort und daraufhin lehnen sie das Schulsystem, die Lerninhalte, den Lehrer ab, was unweigerlich zu Lern- und Leistungsverweigerungen führt.

Dramatischerweise sind es oftmals besonders intelligente Kinder und Jugendliche, die diesen Weg wählen.

Üben Sie auf diese Kinder Druck und Erpressung aus, verweigern sie sich noch mehr.

Ehrlichkeit im Sinne von authentisch sein, **Achtsamkeit** und **klare, aktive Sprache** wird von diesen Kindern anerkannt und somit der „Erzieher" (also Eltern, Lehrer, Übungsleiter usw.) geschätzt.

Da die Berufsgruppe der „Erzieher" eine besondere Vorbildfunktion hat, wirken sprachliche Entgleisungen von ihnen besonders verletzend und sind als Urteil dauerhaft schädigend.

✖   „Oh, bist du blöd!"
✖   „Das kapierst du nie!"

Eine deutliche Abgrenzung und Klarheit in den Formulierungen, ein klares Bewusstsein für das, was Sie wirklich zum Ausdruck bringen wollen, ist speziell Kindern gegenüber unerlässlich. Unterstützen Sie die Menschen, die Ihnen anvertraut sind, liebevoll, indem Sie in Ihrer Sprachwahl die Achtung für sie und ihre Persönlichkeit unterstreichen, und stärken Sie somit deren Persönlichkeit.

Die Veränderung Ihrer Sprachgewohnheiten bedarf ständiger Korrekturen. Halten Sie durch und entwickeln Sie sich immer weiter! (Früher hätte ich geschrieben: Geben Sie nicht auf!). Durch Ihr neues Bewusstsein legen Sie in Ihrem Gehirn eine neue „Spur" (Sie bilden neue Synapsenverbindungen) für positive Sprache.

Nutzen Sie auch mein Seminarangebot speziell für Interessenten aus dem Bildungsbereich (Eltern, Erzieher, Lehrer, Seminarleiter, Übungsleiter usw.).

„Authentische positive Sprache"
im Pflegebereich.

Natürlich ist auch im Pflegebereich das Bewusstsein für das, was und wie Sie es sagen, unerlässlich.

✓ **Die Achtung der Menschenwürde steht im Pflegebereich an oberster Stelle oder sollte dies tun!**

Bedenken Sie:
Gerade, wenn Sie krank sind, sind Sie besonders verletzlich, schwach und beeinflussbar. Ihre Haut scheint dünner zu sein (im Gegensatz zu der oft zitierten „dicken Elefantenhaut") und Ihre Empfindlichkeit ist größer.

Der Umgang mit kranken und alten Menschen ist für alle Beteiligten psychisch sehr anstrengend. Dabei macht es keinen Unterschied, ob Sie Arzt, Pflegepersonal oder Angehöriger sind.

Die Achtung und Wertschätzung füreinander spielt eine herausragende Rolle. Diese manifestiert sich in Ihrer Sprache und Ihrer Ausstrahlung (sie umfasst Körperhaltung, Mimik, Gestik).

✓ **In dem Maße, wie Sie die Wertigkeit der Sprache erkannt haben, können Sie auch die Wertschätzung für das Leben und die Lebenden weitergeben.**

Im körperlich wie auch seelisch anstrengenden Alltag der Helfer geht diese Wertigkeit und Achtung ab einem gewissen Zeitpunkt der Erschöpfung oder vielleicht auch der Frustration verloren. Ungute Sprachgewohnheiten schleichen sich ein, die helfen sollen, sich von der belastenden Situation (z.B. Krankheit) abgrenzen zu können.

✘ Dann wird Frau Müller zum „Blinddarm auf 203".

✘ „Der Patient auf Zimmer 102 ist ein schwieriger Fall!"

Es geht dabei um 2 wichtige Aspekte: In Wirklichkeit ist nicht der Patient, sondern die Erkrankung ein schwieriger Fall.

Machen Sie sich bewusst, dass nicht der Patient schlecht oder schwierig ist, sondern höchstens seine Krankheit, und dass lediglich die Krankheit eine medizinische Herausforderung bedeutet.

Anders beziehen Sie verbal Zweifel in den Heilungsprozess mit ein, was den Patienten schwächt.

✓ **Verbreiten Sie, wenn es Ihnen irgendwie möglich ist, die Hoffnung auf Heilung.**

Schon in der Bibel steht: „Glaube versetzt Berge", schon in der Bibel gab es „Wunderheilungen".

Das göttliche Prinzip kennt beides: Leben und Tod, Krankheit und Heilung.

Patienten schöpfen von den sie umgebenden Helfern und „Heilern" im weitesten Sinne unendlich viel Kraft.

Sagen Sie zu einem Krebspatienten nach einer positiv verlaufenen Operation: „Sie hatten Krebs!"

✓ **Nutzen Sie die Kraft des Imperfekts (s.a.
Kapitel 2.), um Sachverhalte abzuschließen.
Geben Sie damit Mut für die Zukunft.
Setzen Sie dadurch Kraft für die Zeit der
Rekonvaleszenz frei.**

Das Perfekt hält Emotionen und Sachverhalte fest und blockiert den Heilungsprozess! Spüren Sie den Unterschied der Aussagen:

✗ „Sie haben Krebs gehabt." (Perfekt)
oder
✓ „Sie hatten Krebs." (Imperfekt)

Wenn Sie Dinge täglich tun, verlieren Sie die Achtsamkeit dafür. Für den Heilungsprozess des alten oder kranken Patienten ist die Würde und somit die Achtsamkeit entscheidend.

Üben Sie sich darin, Sachverhalte neu zu bewerten.

Statt dass Ihnen Dinge auf oder an die Nerven gehen oder zum Problem werden, sehen Sie sie als Herausforderungen an. Diese neue Sicht macht Mut und gibt Freude, das Leben neu zu sehen und zu gestalten. Das Wort „Herausforderung" klingt viel positiver und motivierender als „Problem" oder gar die Aussicht auf eine Nervenerkrankung („Das geht mir auf/an die Nerven", „Das macht mich wahnsinnig!").

✓ **Herausforderungen helfen uns, eigene
Schwachstellen zu erkennen, an ihnen zu
arbeiten und sie in Stärken zu verwandeln.**

Ihr Umfeld wird Sie für Ihre Besonnenheit und innere Ruhe sehr schätzen.

Es klingt doch viel harmonischer und motivierender, wenn Sie Ihrem Patienten sagen:

✗ „Sie dürfen morgen heimgehen!"
statt
✓ „Sie werden morgen entlassen!"

Tun Sie etwas für die „Beschwerde- oder Schmerzfreiheit" Ihrer Patienten und nicht gegen deren Schmerzen.

Bei Sätzen mit: „…damit es nicht weh tut" schwingt der Schmerz trotzdem mit, obwohl man ihn ja vermeiden möchte.

Sagen Sie doch einfach „…damit Sie sich gut/wohl fühlen". Betonen Sie also das positive Ziel.

Üben Sie sich darin, immer wieder Formulierungen zu finden, die das Negative von Vornherein ausschließen. Aktivieren Sie Ihre Kreativität durch diese Übung.

✓ Es bereitet viel Freude, die Vielfältigkeit der deutschen Sprache wieder zu entdecken!

Die Betonung der Fachsprachen reduziert die Sprache im Alltag. Was in der Wirtschaft, der Wissenschaft, dem Unternehmertum (Business) unerlässlich scheint, nämlich die Reduzierung der Sprache auf prägnante, kurze Formulierungen, nimmt in der Familie, bei der Erziehung und Persönlichkeitsbildung, im menschlichen Miteinander allgemein und in Heil- und Pflegeberufen im Besonderen der Sprache die Fülle und Lebensfreude, die sie vermitteln kann. Sprache wird reduziert auf die Reproduktion und Vermittlung von Fakten.

✓ **Nutzen Sie die psychologische Wirkung der Sprache für die Heilung und Lebensfreude!**

Tun Sie etwas **für** die Gesundheit Ihrer Patienten und nicht **gegen** deren Erkrankung.

Nutzen Sie die Kraft der Affirmation:
„Ich unterstütze die Gesundheit und Gesundwerdung meiner Patienten."

Es ist hinlänglich bekannt, dass im alten China die Mediziner für den Erhalt der Gesundheit und nicht für die Heilung von Krankheit bezahlt wurden.

Oftmals sind es Kleinigkeiten im Ausdruck, die einen großen Unterschied in der Wirkung ausmachen.
„Ich freue mich für Sie, dass es Ihnen besser geht!"
Diese Aussage nimmt dem Gegenüber einen Teil der Freude weg. Verdoppeln Sie die Freude, indem Sie sagen:
„Ich freue mich mit Ihnen, dass es Ihnen besser geht!"
Wie sagte schon vor vielen Jahren ein Freund zu mir:
„Geteiltes Leid ist doppeltes Leid!"
Ersetzen Sie das Wort „Mitleid" durch „Mitgefühl". Somit zeigen Sie Empathie, ohne sich selbst zu belasten.
„Ich habe Mitgefühl mit deiner Situation", „Ich fühle mit dir", haben eine andere Wertigkeit, als „ich leide mit dir".

Ermuntern Sie Ihre Patienten, nicht gegen eine Krankheit zu kämpfen. Machen Sie ihnen bewusst, dass der erste Schritt zur Heilung ist, sich mit der Krankheit auszusöhnen und sie anzunehmen. Jede Krankheit enthält eine wichtige Botschaft unserer Seele an den Körper und hat somit eine wichtige Funktion für das Leben.

Druck erzeugt Gegendruck, Kampfbereitschaft erzeugt Kampf.

Die Verwendung des **Konjunktivs** bei:

„Ich würde Ihnen helfen…" zeigt durch die Möglichkeitsform eine große Unsicherheit für beide Gesprächspartner auf. Meistens wird diese Form auch als Höflichkeitsfloskel verwendet, die vor lauter Höflichkeit nicht zu einer Aktion führt.

„Gerne helfe ich Ihnen!" zeigt dagegen eine positive Aktion an.

✓ **Durch unklare Anweisungen verbrauchen Sie unnötig Energien.**

Ersetzen Sie „ich bräuchte" durch „ich brauche" und treffen Sie so eine klare Entscheidung!

Woher soll Ihr Patient wissen, dass er 5 cm nach rechts rutschen soll, wenn Sie ihm sagen: „Rutschen Sie bitte her".

Im Normalfall kennt Ihr Patient die für Sie alltäglichen Abläufe nicht und braucht exakte Angaben.

✓ **Klare Anweisungen verhindern Missverständnisse und schonen Nerven auf beiden Seiten.**

Es ist doch viel schöner, wenn Sie Energien für Ihre Freizeit übrig haben, oder?

Apropos Zeit!
Zeit ist im Pflegebereich inzwischen Mangelware geworden, das wissen auch die Patienten.

„Ich nehme mir jetzt Zeit für Sie" vermittelt dem Patienten ein schlechtes Gefühl oder schlechtes Gewissen, dass er jetzt auch noch etwas von Ihrer wenigen Zeit haben möchte. Es wurde festgestellt, dass sich manche Patienten gar nicht mehr trauen, die Pflegepersonen im Krankenhaus um Hilfe zu bitten, da sie sie nicht noch mehr Stress aussetzen wollen.

„Ich habe jetzt Zeit für Sie!" klingt mit diesem Kontext einladend und offen.

Durch den enormen Zeitdruck verstärkt sich der psychische Druck.

Mit innerlichen Formulierungen wie „...ich muss noch schnell...tun" setzen Sie sich selbst unter Druck und unter Stressverhalten. Neben den Fehlern, die sich bei hektischem Arbeiten einschleichen, sind auch die psychosomatischen Beschwerden erheblich, die sich bei Dauerbelastungen einstellen.

Planen Sie Ihre Arbeitsabläufe zeitlich besser ein und strukturieren Sie sie durch die Verwendung des Futurs – das behebt den psychischen Druck.

„Ich muss noch Tabletten austeilen. Ich muss noch den Verband bei Frau Meier wechseln. Ich muss noch bei 5 Patienten Blutdruck messen."

Strukturieren Sie z.B. so:
„Als erstes wechsle ich bei Frau Meier den Verband. Danach werde ich bei 5 Patienten den Blutdruck messen. In einer Stunde teile ich die Tabletten aus."

Spüren Sie den Unterschied?

Bei folgenden Formulierungen geht das Verantwortungsgefühl (wer tut dies?) und die Wertigkeit der Mitarbeiter verloren:

„Die Tabletten müssen noch ausgeteilt werden. Man muss noch den Verband bei Frau Meier wechseln. Bei 5 Patienten muss noch der Blutdruck gemessen werden."

Durch die Verwendung von „ich" oder „Schwester ...." betonen Sie Ihre Selbstbestimmung oder die Ihrer Kollegen. Die klare Zuordnung, wer was tut, vermittelt mehr Verantwortungsgefühl bei den Mitarbeitern. Wenn ich mich für etwas verantwortlich fühle, dann steigert dies auch meine Wertigkeit.

„Schwester Gerti, bitte teilen Sie die Tabletten aus. Ich wechsle als erstes den Verband bei Frau Meier und messe danach bei 5 Patienten den Blutdruck".

Das Wort „eigentlich" ist in unserem Sprachgebrauch ständig präsent. In Wirklichkeit ist es ein unnötiges Füllwort. Es vermittelt starke Unsicherheit in der Aussage. Häufig signalisiert es mangelnde Kompetenz. Der Sprecher möchte sich nicht festlegen, sich eine Hintertüre offen halten, um inhaltlich umschwenken zu können.

Bei ständiger Verwendung leidet die persönliche, authentische Ausstrahlung. Die persönliche Wertigkeit wird gesenkt oder geht verloren.

Viele Menschen verwenden die Formulierung „sei vorsichtig". Das Wort „Vorsicht" impliziert in unserem Sprachgebrauch die Angst vor einer Gefahr.

Übung:

Bitte sprechen Sie das Wort „achtsam" mehrfach hintereinander laut aus. Danach machen Sie bitte das Gleiche mit „vorsichtig".

Spüren Sie den Unterschied?

„Achtsam" fühlt sich viel weicher und geschmeidiger, einfühlsamer an.

„Ich bin bei der Untersuchung vorsichtig" hat eine andere Qualität als „Ich bin bei der Untersuchung achtsam". (Bei der 1. Untersuchung ist der Schmerz einkalkuliert.)

Im Umgang mit Menschen nimmt die Achtsamkeit einen wichtigen Stellenwert ein. Sie ist eng mit der Wertigkeit verbunden.

Bei entsprechender Wertschätzung bin ich achtsam. Für spirituelle Menschen ist die Achtsamkeit sehr bedeutungsvoll, das bewusste Achten des anderen, der Umwelt, der Umstände …

Das Achten des anderen (ihn so zu akzeptieren, wie er ist, ihn mit seiner Lebensgeschichte zu „achten") und v.a. auch sich selbst zu achten, gehört zu den Grundwerten der Schöpfung und gibt inneren Frieden.

„Authentische positive Sprache" im Geschäftsleben

Ihr gesamtes Leben lang begleitet Sie die Sprache mehr oder weniger unbewusst und prägt Ihre Einstellungen und somit Ihren Alltag und Erfolg.

Die Oberflächlichkeit der Menschen zeigt sich in ihrem gedankenlosen Sprachgebrauch. Die Sinnhaftigkeit ist diesen Menschen verloren gegangen.

✓ **Wer den Menschen auf den „Mund schaut",
schaut ihnen in die Seele.**

Auch im Berufsleben ist es wertvoll und wichtig, seinen Gesprächspartner oder Geschäftspartner richtig einschätzen zu können.

An seiner Wortwahl und an seinen Satzkonstruktionen können Sie sein Erfolgsbewusstsein, seine Klarheit in den Gedanken und somit auch seinen Willen für die Umsetzung seiner Projekte, seine mentalen Strukturen und seine Lebenseinstellungen erkennen.

Dies funktioniert natürlich auch umgekehrt. Ihr Gesprächspartner kann Ihnen ebenso in die Seele schauen und, wie Sie in den vorangegangenen Kapiteln gelesen haben, erkennen immer mehr Menschen, ob und wann Sie authentisch, also ehrlich sind.

Umso wichtiger ist es, dass Sie möglichst bald Ihr Bewusstsein für das was und wie Sie es sagen, verändern.

Beispielsätze zur Anregung:

✗ Mit dem Kauf dieser Jacke haben Sie wirklich keine schlechte Wahl getroffen.
✓ Mit diesem Kauf haben Sie eine gute Wahl getroffen.

✗ Dürfte ich Ihnen noch ein anderes Produkt dieses Herstellers zeigen?
✓ Darf ich Ihnen noch ein weiteres Produkt dieses Herstellers zeigen?

✗ Das soll jetzt kein Vorwurf sein.
✓ Ich möchte Ihnen eine Anregung geben.

✗ Ich habe ein Attentat auf Sie vor. Antwort: Schießen Sie los.
✓ Haben Sie gerade Zeit für mich? Ich möchte etwas Wichtiges mit Ihnen besprechen.

✗ Da müssen wir in den sauren Apfel beißen.
✓ Wir haben einen Fehler gemacht und korrigieren ihn. Wir bessern das Projekt nach.

✗ Ich werde versuchen, das Problem zu lösen.

✓ Ich finde neue Lösungswege/Verbesserungen.

✗ Der Kunde nervt mich.

✓ Der Kunde möchte meine volle Aufmerksamkeit.

✓ Der Kunde schult meine beruflichen Fähigkeiten/Qualitäten.

Wenden Sie Ihre **neue Erfolgsformel** an, damit Sie immer einen Schritt voraus bleiben:

- **Reden Sie bewusst klar und positiv und handeln Sie danach.**
- **Gestalten Sie dadurch Ihr Leben erfolgreich.**
- **Gestehen Sie sich den Erfolg zu.**
- **Motivieren Sie sich durch positive Formulierungen.**
- **Verbannen Sie den Zweifel aus Ihren Gedanken. (Zweifel schwächt.)**
- **Legen Sie die Hoffnung ab, wo Sie klare Ziele sehen.**
- **Vermeiden Sie den Einsatz des Konjunktivs (Möglichkeitsform).** „Der Auftrag ist interessant." Statt „Der Auftrag könnte interessant sein."
- **Formulieren Sie Ihre Ziele klar und positiv.**
- **Denken und reden Sie im Aktiv.**
  „Ich schreibe ein Angebot für Sie."
- **Strukturieren Sie Ihren Berufsalltag durch die richtige Verwendung der Zeiten (z.B. Futur) und nehmen Sie sich dadurch den Zeitdruck und somit den Stressauslöser.**
  „Ich werde Sie morgen zurückrufen."

- **Schließen Sie durch die Verwendung des Imperfekts unangenehme Sachverhalte ab und entledigen Sie sich dadurch von unnötigem Ballast.**

  „Auf der Baustelle machten die Monteure einige Fehler!" (Aber inzwischen haben die Monteure alles nachgebessert.)

- **Treffen Sie durch Ihre Sprache für alle wahrnehmbar Entscheidungen!**

  Sagen Sie statt: „Nicht schlecht!" „Das ist gut!"

  Sagen Sie statt: „Das Geschäft ist nicht uninteressant!" „Das Geschäft ist interessant!"

  Reden Sie nicht von „totem Kapital", sondern von „gebundenem Kapital!"

  Dinge sind nicht „nicht verkehrt", sondern „richtig"!

  „Die Idee ist nicht blöd!", sondern „Die Idee ist gut!"

  Wenn Sie Ihr Bewusstsein für diese Art der Formulierungen geöffnet haben, werden Sie unendlich viele Beispiele finden.

- **Achten Sie Ihre Kunden oder Klienten. Nach dem Gesetz der Anziehung werden dann auch Sie besser geachtet.**

- **Seien Sie authentisch!**

  Dadurch ziehen Sie ebenfalls authentische Menschen an, die Ihre Klarheit und Offenheit sowie Ihr ehrliches Geschäftsgebaren schätzen.

Gerne unterstütze ich Sie und Ihr Team mit speziell auf die Bedürfnisse Ihrer Firma abgestimmten Seminaren (www. sensitive-team-beratung.de).

8. Nutzen Sie die „authentische positive Sprache" zum Stressabbau.

Unsere Gesellschaftsform und die Ansprüche an jeden Einzelnen, egal, ob in der Familie oder im Beruf, haben sich in den letzten 50 Jahren extrem verändert.

Ständig hören Sie Klagen über „STRESS" am Arbeitsplatz, in der Familie und sogar in der Freizeit.

Aber, „Hand aufs Herz", produzieren Sie „Ihren Stress" nicht selbst, indem Sie nicht akzeptieren, dass der Tag nur aus 24 Stunden besteht, Sie zu viel an einem Tag erledigen wollen oder auch, weil Sie nicht gut genug organisiert sind?

Die „authentische positive Sprache" kann Ihnen helfen, Stress abzubauen. (Viele Aspekte zum Stressabbau sind bereits in die vorangegangenen Kapitel mit eingeflossen.)

Wie bereits im Kapitel zum Thema „Selbstbewusstsein und Selbstwert" erwähnt, setzen vielleicht auch Sie sich durch die ständige Verwendung des Modalwortes „muss" unter Druck.

Dabei müssen Sie manche Dinge gar nicht erledigen, sondern wollen oder sollten sie erledigen. Manche Dinge, wie z.B. einkaufen oder aufräumen, zur Arbeit gehen, gehören in den alltäglichen Ablauf hinein.

Warum akzeptieren Sie dies nicht als gegeben? Die Formulierung, etwas tun zu müssen, erschwert und beschwert die Situation im doppelten Sinne und ändert nichts daran, dass es üblich oder notwendig ist, gewisse Dinge zu tun.

Machen Sie doch wieder einmal unsere kleine Übung und spüren Sie, wie unterschiedlich sich der gleiche Satz anhört, wenn Sie ihn in der Zukunftsform (Futur) formulieren oder mit dem Wort „muss".

✗ „Ich muss einkaufen gehen."
✓ „Ich gehe heute Nachmittag einkaufen".

oder

✗ „Ich muss zur Arbeit gehen."
✓ „Ich gehe zur Arbeit."

Die „authentische positive Sprache", so wie ich sie verstehe, beinhaltet auch, dass Sie Ihre Gedanken sortieren, bevor Sie Sachverhalte, Anordnungen, Bitten, Kommentare usw. aussprechen. Durch die Sensibilität und Achtsamkeit für die Wirkung der Sprache setzen Sie Zeiten (z.B. Imperfekt, Perfekt), Aktiv, Passiv, Modalverben (können, müssen, dürfen), Konjunktiv („ich könnte") oder Verneinungen bewusst ein.

Damit wächst Ihre persönliche Klarheit für die Sachverhalte, für das, was Sie wirklich wollen. Dies gibt Ihnen persönliche Sicherheit und lässt Sie persönlich wachsen.

Dadurch, dass Sie genau wissen, was Sie wollen, und dies auch tun bzw. umsetzen, werden Sie immer authentischer.

Dies bedeutet auch, dass Sie zu sich ehrlich sind. Somit können Sie innere Spannungen (Stress) abbauen und aus innerer Stärke und Gelassenheit heraus handeln.

Bei vielen Menschen ändert sich auch die Körperhaltung

durch die Umstellung des Sprachgebrauchs. So können sich Schulter-, Rücken- und Nackenverspannungen auflösen, die gesamte Körperhaltung kann aufrecht und selbstbewusst werden. Die gewonnene Selbstsicherheit wirkt sich positiv auf nervöses Verhalten aus.

Die persönliche Ausstrahlung wächst und hilft, die Glaubwürdigkeit zu unterstreichen. Dies nehmen Ihre Mitmenschen, ob nun bewusst oder unbewusst, genau wahr. Kinder reagieren besonders schnell und sensibel auf klare Aussagen und Ihre positive Ausstrahlung. Viele Autoritätskonflikte gibt es nur, weil Aussagen nicht klar und authentisch formuliert werden.

Sehr positiv wirkt diese neugewonnene Sicherheit und Glaubwürdigkeit auf Geschäftspartner und Mitarbeiter. Somit können Sie Ihren Erfolg durch die Ausstrahlung von Verlässlichkeit manifestieren.

Sie brauchen sich Ihre Position nicht mehr zu erkämpfen und setzen dadurch zusätzliche Energien für andere Bereiche frei. Sie bauen Stress ab.

Die Klarheit der Sprache und Ihre authentische Ausstrahlung verhindern unnötige Missverständnisse. Die Zeitersparnis durch effektive Kommunikation kann enorm sein.

✓ **Nutzen Sie die gewonnene Zeit für Ihre Freizeit!**

Oftmals beschweren wir uns durch unnötige Verneinungen.

Zum Beispiel:

„Warum eigentlich nicht?"

„Ist gar nicht schlecht."

„Das Angebot ist nicht uninteressant."

Die Auseinandersetzung mit Verneinungen erzeugt in Ihrem Unterbewusstsein STRESS. Der Körper zeigt Reaktionen von Spannung, denn jede Verneinung ist erst einmal eine Form der Ablehnung. Ihr Bewusstsein muss den Satz dann gegebenenfalls in einen positiven Zusammenhang übersetzen. Dies ist aber erst möglich, wenn auch andere Bereiche, wie z.B. Körpersprache, Tonfall, Persönlichkeitsanalyse, abgefragt wurden und der Kontext als positiv oder witzig gemeint analysiert wurde. Denken Sie auch daran, dass Kinder erst in der Pubertät ironisch gemeinte Aussagen umfassend verstehen können!

Sagen Sie doch einfach „ja" oder „das ist gut"!

Bedenken Sie, dass Sie unbewusst aus „Angst vor Erfolg" oder aus „Angst vor Enttäuschung" negative Formulierungen verwenden.

Damit programmieren Sie auf Dauer Ihren Misserfolg!

✓ **Menschen, die aus ihrem Selbstverständnis heraus erfolgreich sind, leben stressfrei!**

9. Nutzen Sie die „authentische positive Sprache" zur Gesundheitsvorsorge.

Während viele Menschen zunehmend die Sprache beim SMS- oder E-Mail-Schreiben auf ein Minimum reduzieren, bevorzugen sie gleichzeitig dramatische Formulierungen, wenn es um schwierige oder auch nur herausfordernde Lebenssituationen geht. Man könnte also sagen, einerseits untertreiben und andererseits übertreiben viele Zeitgenossen.

Manche Sätze werden sicherlich völlig unreflektiert aus (Action-)Filmen oder den Medien im Allgemeinen übernommen oder sind schon seit vielen Jahren und vielleicht auch seit Generationen im Gebrauch, ohne dass sich der Anwender über den wirklichen Inhalt bzw. die Bedeutung Gedanken gemacht hat.

Bestimmt haben auch Sie, um auszudrücken, dass Ihnen etwas zu viel ist, Sie sehr belastet oder es Sie wütend und aggressiv macht, folgende Formulierungen verwendet:

„Da bekomme ich einen dicken Hals." oder „Ich habe die Nase voll."

Wundern Sie sich nicht, wenn Ihr Körper bei ständiger Verwendung dieser Sätze tatsächlich mit Halsschmerzen oder Schnupfen reagiert.

Der Satz „Ich halte das im Kopf nicht aus." deutet schon eher auf Kopfschmerzen hin, im schlimmsten Fall vielleicht sogar auf eine psychische Erkrankung.

Wahrscheinlich haben Sie auch schon einmal die „Krise gekriegt". Davon abgesehen, dass in „gekriegt" das Wort „Krieg" steckt, wird die betreffende Situation in den meisten Fällen übertrieben dargestellt, denn eine Krise ist im Normalfall existenzbedrohend. Dies ist mit dieser Aussage selten so gemeint, oder?

Genauso unreflektiert werden die Formulierungen „das ist Wahnsinn", „das macht mich wahnsinnig" verwendet. Bedenken Sie bitte, dass sie damit die Energie einer schweren psychischen Erkrankung aktivieren.

Ihre Psyche erkennt in solchen Formulierungen eine Betonung des Negativen und somit eine unnötige Belastung oder Stress, mit der sie sich auseinanderzusetzen hat. Sie füllen dadurch Ihren bereits erwähnten sinnbildlichen Rucksack, den Sie unbewusst mit sich herumtragen, mit weiterem unnötigem Ballast.

Der Besuch beim Zahnarzt ist für viele Menschen sehr unerfreulich und oft angstbesetzt. Formulierungen, die Sie an unangenehme Situationen erinnern, schwächen Sie besonders stark.

Machen Sie doch wieder unsere kleine Übung und fühlen Sie, welche Körperbereiche sich verändern, indem sie sich vielleicht zusammenziehen oder auf andere Weise der Energiefluss blockiert wird, wenn Sie die Sätze „Ich krieche auf dem Zahnfleisch" oder „dem muss ich noch den Zahn ziehen!" laut aussprechen.

Alternative Sätze könnten sein:
- „Es geht mir schlecht." „Ich bin krank."

- „Ich muss mich Herrn …gegenüber durchsetzen." „Ich muss/möchte/werde mit Herrn … ein ernstes oder klärendes Wort reden."

Bei dauernder Verwendung können Ihre Organe z.B. durch folgende oder ähnliche Sätze geschädigt werden.

- Lunge: „Das nimmt mir die Luft/den Atem."
- Galle: „Da läuft mir doch die Galle über."
- Galle und Übersäuerung: „Ich bin/werde sauer."
- Magen: „Das finde ich zum Kotzen."
  „Mir wird schlecht, wenn ich das höre."
- Nerven: „Das geht mir an/auf die Nerven."
  „Ich werde wahnsinnig."
- Rücken: „Das bricht mir das Kreuz."
  „Ich geh am Stock."

Manche Aussagen sind in ihrem Kern lebensbedrohlich, auch wenn der Redner dies sicherlich nicht so gemeint hat:

- „Das bringt mich um."
- „Ich war todkrank." (Auch wenn es sich nur um einen harmlosen Infekt gehandelt hat.)
- „Das Geschäft ist todsicher."
- „Sag kein Sterbenswörtchen zu deinem Vater."

Die unbewusste Bevorzugung von bestimmten Formulierungen kann auch auf besondere körperliche bzw. gesundheitliche Schwachpunkte hinweisen.

Wie bereits erwähnt, sagt die Art, wie Sie sprechen, ob Sie eher positive oder negative Anteile betonen, viel über Ihre Lebenseinstellung und Lebenshaltung aus. Sie spiegelt sich ebenso in Ihrer Körperhaltung wider. Daher verändert sich auch Ihre Körperhaltung. Sie wird aufrechter, wenn Sie selbstbewusst und positiv sprechen.

Die Nutzung von positiven Affirmationen hat sich in vielen Bereichen als sehr hilfreich erwiesen.

Affirmationen sind kurze Sätze, die einen positiven IST-Zustand formulieren. Deswegen ist es wichtig, dass Sie die Sätze in der Gegenwartsform und ohne Verneinung (kein, un-, nicht usw.) gestalten. Verzichten Sie ebenso auf „beschwerende und verurteilende" Bezeichnungen.

Affirmationen sind ein wichtiger Bestandteil des Positiven Denkens.

Hier folgen einige **Beispiele und Anregungen** für Affirmationen, die Ihre Gesundheit unterstützen:

- Ich bin vollkommene Gesundheit.
- Ich lebe vollkommene Gesundheit.
- Mein Körper ist gesund und vital.
- Ich halte mein Idealgewicht.
- Ich bin frisch und dynamisch.
- Mein Körper ist vollkommen geheilt und gesund.
- Jede Zelle meines Körpers ist vollkommene Gesundheit.

Wenn Sie längere Zeit oder schwer krank waren, werden Sie sicherlich von mitfühlenden Menschen auf Ihre Erkrankung angesprochen und sollen darüber erzählen, wie es dazu gekommen ist und wie es Ihnen jetzt geht.

Das neue Bewusstsein, das Sie durch das Lesen dieses Buches und die Anwendung der „authentischen positiven Sprache" gewonnen haben, hilft Ihnen dabei, sich dadurch nicht von Neuem auf die ungute, kranke Energie einzulassen und sich wieder mit ihr zu identifizieren.

Befreien Sie sich immer wieder von altem, unnötigem Ballast! Dadurch werden Sie frei und bündeln die Energie, Ihr Leben glücklich und positiv zu gestalten.

Die „authentische positive Sprache" hat eine heilende Wirkung auf Ihre Psyche.

Formulieren Sie die Sätze im Imperfekt und spüren Sie, wie die Vorgänge abgeschlossen sind. In diesem Fall spüren Sie, wie die Krankheit geheilt ist und Sie gesund sind.

„Ich hatte eine schwere Grippe oder Erkältung."

„Ich hatte eine Lungenentzündung."

„Ich hatte Krebs."

„Ich hatte ein Magengeschwür."

„Ich hatte einen schweren Unfall."

„Mein Kind hatte eine schwere Mandelentzündung."

„Unser Hund hatte einen bösartigen Tumor."

Wenn Sie sich darauf einlassen können, werden Sie schnell spüren, wie diese Formulierungen Ihre oder die Gesundheit Ihrer Lieben bei der Heilung unterstützen.

Besonders Kinder, die ja von Grund auf positiv eingestellt sind und im Allgemeinen das Negative noch nicht manifestiert haben, reagieren schnell auf diese Formulierungen.

Ich selbst konnte die Wirkung der Kraft der Sprache erspüren, als unser Hund an einem bösartigen Tumor operiert wurde. Nachdem ich ihn vom Tierarzt abgeholt hatte, habe ich sofort gesagt: „Unser Hund hatte einen Tumor."

Früher hätte ich bestimmt gesagt: „Er hat einen Tumor gehabt." Damit hätte ich die negative Energie der Erkrankung unnötig aufrechterhalten.

Der Satz „...er hatte..." wurde für mich regelrecht zu einer positiven Affirmation seiner Gesundheit. Ich habe mich damit sehr wohlgefühlt und diese positive Ausstrahlung hat seine Heilung manifestiert. Er ist inzwischen 14 Jahre alt und sehr fit und munter!

Die größte Heilkraft besteht darin, dass die wichtigsten Menschen aus dem Umfeld des Erkrankten (Familie, Freunde, Ärzte, Heilpraktiker, Pflegepersonal, Betreuer usw.) an die Heilung des Patienten glauben und dies klar und eindeutig aussprechen. (s.a. Kapitel 7)

10. Manifestieren Sie Ihren persönlichen und beruflichen Erfolg durch „authentische positive Sprache".

Wir alle wünschen uns, erfolgreich zu sein.
Dabei koppeln wir ERFOLG an GLÜCKLICHSEIN!

Um persönlichen und beruflichen Erfolg zu erreichen, müssen viele Faktoren in Einklang gebracht sein.

✓ **Prüfen Sie als erstes,
 was Erfolg für Sie bedeutet.**

Männer verbinden den Erfolg in erster Linie mit beruflichem Erfolg und Glücklichsein, während Frauen sich vor allem dann glücklich und erfolgreich fühlen, wenn sie den persönlichen Erfolg in der Partnerschaft und der eigenen Familie finden. Der berufliche Erfolg steht für sie meistens erst an zweiter Stelle.

Der Bereich „persönlicher und beruflicher Erfolg" nimmt bei den meisten Menschen den größten zeitlichen Raum im Leben ein. Dies bezieht sich einerseits auf das Tun und andererseits auf die gedankliche Auseinandersetzung mit dem Erfolg.

So ist es gerade für den Erfolg wichtig, dass Sie

- Erfolg denken
- vom Erfolg sprechen,

um dann eben auch

- erfolgreich handeln zu können.

Es ist ein Naturgesetz, dass im Universum vollkommene Fülle herrscht. Alles, was Sie jetzt brauchen, existiert bereits im Unsichtbaren.

✓ **Wenn Sie erfolgreich sein wollen, brauchen Sie eine klare und strukturierte Sprache, die für jeden sichtbar vermittelt, welches Ziel Sie haben.**

Spüren Sie in diesem Zusammenhang den Unterschied von verschiedenen Formulierungen.

Übung:

Sprechen Sie folgende Sätze laut nach:

„Ich möchte erfolgreich sein."
„Ich will erfolgreich sein!"
„Ich bin erfolgreich!"

Die Formulierung „ich möchte", stellt den Wunsch stark in den Vordergrund, während „ich will" das Ziel klar betont und auf eine starke Dynamik verweist. „Ich bin" ist dann die erfolgreiche Umsetzung.

Zweifel zeigen sich besonders durch Sätze, die im Konjunktiv formuliert werden, wie z.B.: „Ich wäre gerne erfolgreich."

Sie spüren sofort die Unsicherheit und sind geneigt, den Satz weiterführen zu wollen „...wenn nicht...".
Wie ich bereits in den vorangegangenen Kapiteln erläutert habe, zeigt Ihre Sprache Ihrem Gesprächspartner Ihre Geisteshaltung und Lebenseinstellung.

Nutzen Sie Ihr jetzt aktiviertes Wissen und formulieren Sie Ihre Bedürfnisse und das, was Sie wollen, oder das, was erledigt werden muss, klar und ohne Zweifel.
Sie werden feststellen, dass Ihr Gegenüber direkter auf Sie reagiert, da Zweifel und Unsicherheiten nicht mehr geklärt werden müssen. Sie sparen sehr viel Zeit und Energie, da auch Missverständnisse minimiert werden.
Arbeiten Sie an Ihrer inneren Einstellung und verändern Sie auch Ihre innere Kommunikation mit sich selbst.
Verhindert Ihre unbewusste innere Einstellung zu materiellen Dingen, dass Ihr beruflicher Erfolg durch Geld angemessen entlohnt wird?

Ersetzen Sie:
✗   „Ich muss für Geld hart arbeiten."
in:
✓   „Geld kommt leicht und häufig."
✓   „Ich kann es mir leisten."
✓   „Ich danke für die reichliche Entlohnung meiner Arbeit."

- ✓ „Ich bin in allen Bereichen und auf allen Ebenen erfolgreich."
- ✓ „Ich nehme den Wertausgleich an. Ich habe den Wertausgleich verdient."

Die Kombination aus „positivem Denken" und „positiver Sprache" manifestiert Ihren Erfolg.

Akzeptieren Sie aber, dass die positive Wandlung nicht sofort einsetzen kann, wenn Sie vorher jahrelang negativ gesprochen und gedacht haben. Seien Sie geduldig und vertrauen Sie auf Ihren Erfolg. Er manifestiert sich täglich ein Stück mehr, wenn Sie daran arbeiten. Sie haben ihn verdient.

Glauben Sie an Ihren Erfolg (Glaube versetzt bekanntlich Berge) und sprechen Sie davon im IST-Zustand.

Unterstützen Sie sich durch folgende Affirmationen:

- ✓ **Ich bin erfolgreich.**
- ✓ **All das, was ich will, erreiche ich/gelingt mir.**
- ✓ **Ich setze mich und meine Interessen liebevoll durch/um.**
- ✓ **Ich danke für meinen Erfolg.**
- ✓ **Ich bin dankbar, dass ich so glücklich und erfolgreich bin.**
- ✓ **Ich habe es verdient und ernte jetzt.**
- ✓ **Ich bin wertvoll.**

Bilden Sie auch Ihre eigenen Affirmationen und achten Sie dabei darauf, dass sie in der Gegenwartsform formuliert sind. Verzichten Sie unbedingt auf Verneinungen, auch auf indirekte (un-, kein, nein usw.).

Denken Sie auch daran, dass Sie vielleicht unbewusst Ihre Entlohnung blockieren, da Sie von Ihren Eltern, Ahnen oder Erziehern usw. negative Einstellungen zum Thema Geld übernommen haben, z.B.

„Geld ist schlecht."
„Geld ist schmutzig."
„Geld macht abhängig."
„Geld stinkt."
und viele ähnliche abfällige Bemerkungen.

Überprüfen Sie Ihre Einstellungen zu Ihren materiellen Werten, die Sie sich geschaffen haben.

Aus Angst vor Neidern sprechen Sie vielleicht von Ihrem „Karren", wenn Sie von Ihrer großen Limousine sprechen, oder von Ihrer „Hütte", wenn Ihr 200 qm Wohnhaus gemeint ist.

Mit solchen Aussagen setzen Sie Ihren Selbstwert und Ihren Erfolg herab und sind unehrlich zu sich und Ihrer Umgebung. Das heißt:

Sie sind nicht authentisch.

Aber genau das wollen Sie ja sein, da Sie dann erfolgreich sind!

Sprechen Sie ganz natürlich von Ihrem Auto und Ihrem Wohnhaus, ohne dabei anzugeben.

✓ **Nutzen Sie die Kraft der Dankbarkeit! Danken Sie immer wieder für all das, was Sie bereits erhalten und sich erarbeitet haben. Dies zieht Ihren Erfolg verstärkt an.**

Verschenken Sie Komplimente und spüren Sie die wundervolle Kraft, die von ihnen ausgeht!

✓ **Sie sind heute ganz besonders schick gekleidet.**
✓ **Das Hemd steht Ihnen sehr gut.**
✓ **Sie haben sehr exakt und schnell den Auftrag erledigt. Danke!**
✓ **Danke! Sie sind sehr aufmerksam.**
✓ **Ich schätze Ihre Klarheit. Vielen Dank!**
✓ **Ich schätze Ihre Verlässlichkeit!**
✓ **Das haben Sie sehr gut gemacht!**
✓ **Das ist eine wundervolle Idee von Ihnen! Danke.**

Bald bekommen dann auch Sie Komplimente und positive Bestätigungen, die Sie unterstützen, noch erfolgreicher zu sein.

Erinnern Sie sich bitte auch an die vorangegangenen Kapitel und vertiefen Sie besonders die Kapitel 2 „Grundlagen der authentischen positiven Sprache", Kapitel 7 „Nutzen Sie die „authentische positive Sprache" in Erziehung, Bildung, Pflege und Geschäftsleben" und Kapitel 8 „Nutzen Sie die „authentische positive Sprache" zum Stressabbau".

Reflektieren und korrigieren Sie Ihre Sprachgewohnheiten und erfreuen Sie sich an Ihrem neuen Auftreten, Ihrem Wirken und Ihrem Erfolg.

Durch die Verwendung der „authentischen positiven Sprache" bauen Sie konsequent Ihr Erfolgs- und Gewinnerbewusstsein auf.

11. Zusammenfassung

Die Inhalte dieses Buches sind Ihnen sicherlich weitestgehend bekannt, aber wahrscheinlich befindet sich ein Großteil nicht in Ihrem aktiven Bewusstsein.

Genau das soll die Qualität dieses Buches sein, **Ihr Bewusstsein für die Wirkung und Auswirkung der Sprache zu schulen**. Ich wünsche mir, Sie somit zu unterstützen, Ihren Alltag besser und leichter gestalten zu können.

Lesen Sie bitte einzelne Kapitel immer wieder, gerne auch quer, damit Sie die Inhalte dadurch vertiefen. Sehr schnell werden Sie dabei feststellen, dass Ihnen immer wieder neue Aspekte auffallen, durch deren Erkenntnis Sie Ihre Sprache verfeinern können.

Durch die Verwendung der „authentischen positiven Sprache" lernen Sie, bewusster zu leben, sich einerseits zu hinterfragen, zu reflektieren, sich aber gleichzeitig besser zu verstehen und sich selbst anzunehmen.

Sie leben dadurch eigenverantwortlich und lernen, sich selbst zu behaupten.

Durch die erworbene Klarheit leben Sie zielstrebig, womit Erfolg erst möglich wird. Sie entwickeln und leben eine persönliche Integrität und sind authentisch.

Diese Art zu sprechen hat eine ordnende und klärende Wirkung auf Sie als Sprecher. Sie zeigt, dass Ihre Handlungen einen Anfang, eine Mitte und ein Ende haben. Die Aufmerksamkeit ist dort, wo Sie sie brauchen. Sie sind bodenständig, realistisch, geerdet.

Der Mensch als Person, als Persönlichkeit ist immer angreifbar. Aus dieser Angst heraus versucht er, sich hinter Sachverhalten zu verstecken.

Vor allem im Bereich der Naturwissenschaften, der Wissenschaften überhaupt, dem Unternehmertum (Business) besteht die Gefahr, sich durch Überbewertung von Sachverhalten von den Menschen zu distanzieren und somit die eigene Authentizität zu verlieren.

Ihre authentische, persönliche, positive Ausstrahlung, egal ob Sie Unternehmer, Mitarbeiter, Vorgesetzter oder Familienmitglied usw. sind, ist in Zukunft mehr denn je der Garant für Ihren Erfolg (=glücklich sein) im Leben.

Je authentischer Sie als Person sind, desto offener können Sie mit den Widersprüchlichkeiten des Lebens, auch mit Fehlern und Schwächen, umgehen.

Unser Zeitalter stellt Materie und Sachverhalte immer noch weitgehend vor den Menschen.

Dies macht den Menschen, die Menschheit auf Dauer krank!

Kranken und erkranken vielleicht deswegen immer mehr „materielle Systeme" oder sind sie ausgereizt, weil die Menschlichkeit hintangestellt wird?

✓ **Übernehmen Sie die Menschlichkeit wieder in Ihre Sprache.**

Ihr erworbenes Wissen geht verloren, wenn Sie es nicht ständig aktiv halten.

Weisheit und Bewusstsein vergessen Sie nie. Deswegen ist es so wichtig, Ihr Bewusstsein zu schulen.

✓ **Übernehmen Sie Weisheit und Bewusstsein in Ihre Sprache.**

Weisheit und Bewusstsein sind im Gegensatz zu erlerntem Wissen in Stresssituationen abrufbar.

Weisheit ist angewandtes Wissen – dazu braucht es Sie als Menschen.

Tragen Sie diese Weisheit hinaus in den Alltag. Seien Sie Vorbild durch Ihr SEIN. Leben Sie diese Weisheit und dieses Bewusstsein. Manifestieren Sie somit Ihren beruflichen und persönlichen Erfolg mit authentischer positiver Sprache.

Wenige Tage vor dem endgültigen Abschluss der Arbeit an diesem Buchmanuskript haben mich Freunde auf folgendes Zitat aufmerksam gemacht, das sie mit einem Konzertprogrammheft aus Korsika mitgebracht haben und das mich sehr angesprochen hat:

„Die Sprache ist das „Haus des Seins", ein Gut, das uns allen gehört…Haben wir den Mut, diesen Besitz zum Blühen zu bringen, anzubieten, miteinander zu teilen." (aus „I Muvrini", Giru 2011, …die korsische Sprache).

12. Schlussworte

Ich möchte die Möglichkeit nutzen, all den lieben Menschen an meiner Seite zu danken, die mich in den letzten Monaten unterstützt und motiviert haben, an diesem Buchprojekt weiter zu arbeiten und es vor allem auch zu realisieren. Viele haben mich mit positiven Gedanken und Wünschen unterstützt, doch meine Freundinnen Christina und Geli haben mich in besonderem Maße durch so manches tiefe Tal und durch den Nebel des Zweifels geführt. Ich möchte Ihnen auch auf diesem Weg aus innigstem Herzen dafür danken.

Literaturhinweise

1. Bradshaw, John: *Das Kind in uns. Wie finde ich zu mir selbst? Droemersche Verlagsanstalt Th.* Knaur Nachf., MensSana, München 2000.

2. Berendt, Joachim-Ernst: *Nada Brahma – die Welt ist Klang*, rororo Sachbuch, Reinbek 1994.

3. Birkenbihl, Vera F.: *Kommunikation für Könner...schnell trainiert. Mvg-Verlag, Landsberg am Lech 1997.*

4. Byrne, Rhonda: *The Secret – Das Geheimnis.* Goldmann Arkana, München 2007.

5. Defersdorf, Roswitha: *Deutlich reden, wirksam handeln. Kindern zeigen, wie Leben geht. Verlag Herder, Freiburg im Breisgau 2000.*

6. Duden: *Grammatik.* Bibliographisches Institut & F.A. Brockhaus AG, Mannheim, und Duden Paetec GmbH Berlin 2007.

7. Egli, René: *Das LOL²A-Prinzip.* Editions d`Olt,CH-Oetwil a.d.L 1997, 12. Auflage.

8. Griscom, Chris: *Psychogenetik. Econ Taschenbuch, 2002, 1. Auflage.*

9. Freitag, Erhard F., Zacharias, Carna: *Die Macht Ihrer Gedanken. Erkenne deine geistige Kraft. Goldmann Arkana, München 2000.*

10. Fromm, Erich: *Die Kunst des Liebens.* Ullstein, Frankfurt/M., Berlin 1994.

11. Mandel, Peter, Henneges, Birgit: *Die Therapie mit Licht und Klang.* Knaur Alternativ Heilen, München 1997.

12. Mohr, Bärbel: *Bestellungen beim Universum.* Omega Verlag, Düsseldorf 2000, 8.Auflage.

13. Murphy, Dr. Joseph: *Schule des positiven Denkens. Für die Freiheit von Angst.* Ullstein Taschenbuch, Berlin 2006.

14. Ponder, Catherine: *Die dynamischen Gesetze des Reichtums.* Arkana, München 1992.

15. Ponder, Catherine:*Die Heilungsgeheimnisse der Jahrhunderte.* Goldmann Verlag, München 2005.

16. Rosenberg, Marshall B.: *Konflikte lösen durch Gewaltfreie Kommunikation.* Verlag Herder, Freiburg im Breisgau 2004, 7. Auflage.

17. Scheurl-Defersdorf, Mechthild R.:*Die Kraft der Sprache.* Lingva Eterna, Erlangen 2007.

18. Spezzano, Chuck: *Erfolg kommt von innen.* Verlag Via Nova, Petersberg 2005

19. Spezzano, Chuck: *Die tieferen Dimensionen des Erfolgs. Band 2.* Verlag Via Nova, Petersberg 2006.

20. Spezzano, Chuck: *Karten der Erkenntnis.* Verlag Via Nova, Petersberg 2004.

21. Spezzano, Chuck: *Karten der Liebe.* Verlag Via Nova, Petersberg 2006.

22. Spezzano, Chuck: *Karten der Partnerschaft.* Verlag Via Nova, Petersberg 2008.

23. Tomatis, Alfred A.: *Das Ohr und das Leben.* Patmos Paperback, Walter Verlag, Düsseldorf und Zürich 1997.

24. Tomatis, Alfred A.: *Der Klang des Lebens.* rororo Sachbuch, Reinbek 1996.

25. Die meisten Zitate stammen aus dem aufmerksamen und bewussten Studium des Lebens und der Menschen.

Zur Person
Susann Theresa Braun

Nach abgeschlossenem Studium für das Lehramt in den Fächern Deutsch und Erdkunde und der Ausbildung zur Instrumentallehrerin ist die Autorin Susann Theresa Braun seit 1998 vornehmlich als Heilpraktikerin für Psychotherapie in eigener Praxis in Rosenheim tätig. Neben Einzeltherapien zur Wahrnehmungsschulung und Persönlichkeitsentwicklung mit „realitätsbewusster Spiritualität" bietet sie ein umfangreiches Kursprogramm (www.susannbraun.de) zu allen wichtigen Themen des Alltags für Kinder und Erwachsene an. Sie berät Manager, Unternehmer, Profisportler speziell bei Leistungsdruck, Burn-out-Syndrom, zur Stressbewältigung, zur Steigerung des Erfolgsbewusstseins und zur Persönlichkeitsentwicklung. Für Firmen bietet sie spezielle Schulungen an (www.sensitive-team-beratung.de). Die Seminare zur „Authentischen positiven Sprache" sind ihr dabei ein besonderes Anliegen. Sie ist als Dozentin für mehrere Institutionen tätig.

Weitere Bücher aus dem Verlag Via Nova:

Dem Geheimnis der Gedanken auf der Spur
Das Gehirn wächst mit seinen Herausforderungen
Prof. Dr. Gela Weigelt

Paperback, 160 Seiten, 70 farbige Fotos,
ISBN 978-3-86616-191-7

Nicht nur die Leber, auch das Gehirn wächst mit seinen Aufgaben und Herausforderungen. Die Neurowissenschaften zeigen uns, wie Gedanken im Gehirn als In-Formationen „entstehen". Die moderne Physik beweist, dass es eine Quantenwelt „hinter" dem Gehirn gibt, in der diese Informationen enthalten sind, und die Spiritualität liefert die zeitlosen Erkenntnisse über die „wahre Natur" der Gedanken. Dieses Buch bietet eine Synthese aus Wissenschaft und Spiritualität. Zahlreiche farbige Bilder erläutern den Text und führen so zu einem tiefen Verständnis des Geheimnisses um die Gedanken, die in unseren Gehirnen auftauchen.

Wenn alle Menschen Freunde wären ...
Dein Beitrag für eine bessere Welt
Chuck Spezzano

Hardcover, 192 Seiten, ISBN 978-3-86616-168-9

Die Welt von heute krankt daran, dass viele Menschen nur auf ihr eigenes Wohl bedacht sind und für ihre Mitmenschen kaum einen Blick übrig haben. Spezzano macht deutlich, dass wir die Welt verändern können, wenn wir alle Menschen als Freunde betrachten. Er zeigt Wege und Möglichkeiten auf, wie wir unseren Freunden helfen und damit nicht nur ihr Leben, sondern auch unser Leben positiv beeinflussen können. Im ersten Teil wird das Prinzip der „Freunde, die Freunden helfen" anhand zahlreicher Beispiele aus der persönlichen Erfahrung des Verfassers ausführlich erläutert. Der zweite Teil bietet eine ganze Reihe von heilenden Prinzipien und Übungen, die dem Leser zeigen, wie er sich mit anderen Menschen verbinden kann, um ihnen – und damit zugleich sich selbst und der Welt – zu helfen.

Freundschaft – ein Geschenk des Lebens
Max Lang

Paperback, 240 Seiten, ISBN 978-3-86616-143-6

Was wäre unser Leben ohne gute Freunde! Wie könnte es ohne sie gelingen! Die Freundschaften sind es, die dem eigenen Dasein Fülle und Tiefe verleihen. Im Geben und im Nehmen erschließen sie menschliches Werden und Vollenden. In zahlreichen Geschichten, im Blick auf die Jahrhunderte und auf die Kulturen der Welt und die Weisheit der Philosophen erschließt er die spirituelle Dimension der Freundschaft. Als besonders hilfreich erweisen sich hierbei Impulse aus der Welt des Buddhismus. Ein eigenes Kapitel ist der Freundschaft mit alten Menschen gewidmet.

Das Geheimnis der richtigen Schwingung
Anleitung für ein wunder-volles Leben
Jill Möbius

Hardcover, 232 Seiten,
ISBN 978-3-86616-000-2

3. Auflage

Alles, so die Autorin, ist eine Frage von Schwingung und Resonanz. Auf fundierte und leicht verständliche Weise vermittelt dieses Buch, wie das Resonanzprinzip als grundlegendes Gesetz unsere Realität, unseren Körper und unser Schicksal prägt – und wie wir dieses Wissen spielerisch nutzen können, um ein erfülltes und erfolgreiches Leben zu gestalten: Wie es wirkungsvoll gelingt, die Realität im Voraus so zu programmieren, dass sich Wünsche erfüllen und sogar Wunder möglich werden; wie man effektive, kraftvolle Wege der Selbstheilung nutzt, um Gesundheit, Jugendlichkeit und Vitalität zu steigern; wie man inneren Frieden findet und es schafft, in jeder Situation in sich selbst zu ruhen; wie man seine Schöpferkraft wirksam einsetzt, um eine friedvolle globale Zukunft mit zu erschaffen. Viele wirkungsvolle Übungen ermöglichen die direkte Umsetzung der Erkenntnisse im Alltag. Ein unterhaltsames, praxisnahes Handbuch zur Steigerung des Bewusstseins, der Lebensfreude und Lebensqualität.

Heilung von Schuldgefühlen
Das Geschenk des inneren Friedens wieder erfahren
Chuck Spezzano

Hardcover, 256 Seiten, ISBN 978-3-86616-197-9

Schuldgefühle – wer kennt sie nicht? Schuldgefühle bewirken, dass wir uns herabsetzen und uns für das bestrafen, was wir getan zu haben glauben. Chuck Spezzano nähert sich diesem Thema mit der ihm eigenen Mischung aus Humor und Tiefgründigkeit. Er zeigt in seinem wachrüttelnden Buch nicht nur, wie es gelingen kann, die oftmals tief im Unterbewusstsein verborgenen Ursachen unserer Schuldgefühle aufzudecken, sondern stellt auch Wege vor, wie sie geheilt werden können. Seine Prinzipien werden anhand von Übungen und Fallbeispielen aus seiner langjährigen Praxis als Therapeut veranschaulicht. Die wichtigste Botschaft des Buches lautet, dass in seinem innersten und unveränderlichen Wesenskern jeder Mensch unschuldig ist.

Die befreiende Kraft der Vergebung
Eine Anleitung, um wirklich verzeihen zu können
Jim Dincalci

Paperback, 288 Seiten, ISBN 978-3-86616-198-6

Manchmal sind es nur kleine Dinge, die man nicht verzeihen kann, manchmal traumatische Ereignisse, die das ganze Leben überschatten. Aber immer, so betont der amerikanische Psychologe und Vergebungsexperte Jim Dincalci, vergiften sie das eigene Leben. Vergeben bedeutet darum freiwerden. Aber wie? Dincalci hat dazu ein Vergebungsprogramm entwickelt, das wirklich hilft: um die Blockaden auf dem Weg der Vergebung zu lösen, um die inneren Helfer zu entdecken, die stärken, und vor allem: um sich auch selbst vergeben zu lernen.

Im Urvertrauen leben
Loslassen, fallen lassen, gelassen sein
Matt Galan Abend

Hardcover, 176 Seiten, ISBN 978-3-86616-199-3

Viele Menschen leben heute mehr im „Ur-misstrauen" als im Urvertrauen: Geprägt durch Erfahrungen der Kindheit und ihres täglichen „Lebenskampfes" misstrauen sie oft allem und jedem – natürlich auch sich selbst. Sie wollen alles beobachten, alles kontrollieren, alle Fäden in der Hand behalten und wittern überall Angriff und Gefahr. Das verbraucht Ihre Energie, und Sie erfahren immer mehr Ihre Begrenzung und Ihren Mangel statt die Fülle der Schöpfung. Dieses Buch zeigt den Weg, wie wir auch noch als Erwachsene die essentiell wichtige Basis des Urvertrauens aufbauen können, wie wir lernen, unsere Lebens-aufgabe zu erkennen, anzunehmen und zu lösen, kreativ-spielerisch zu gestalten, statt zu kämpfen, uns unserer wahren Schöpferkraft bewusst zu werden und die geistigen Gesetze der Schöpfung für uns, statt gegen uns wirken zu lassen.

Medizin für die Seele
Lebens- und Seelenkräfte
im Alltag mobilisieren
Prof. Franz Decker

Paperback, 224 Seiten, 32 Grafiken, ISBN 978-3-86616-115-3

Für viele Menschen ist es heute sehr schwierig, den Herausforderungen des Alltags in unserer komplexen, schnelllebigen Welt gerecht zu wer-den, das eigene Leben selbstverantwortlich zu gestalten und sinnvoll und erfüllt zu leben. Prof. Franz Decker zeigt in seinem Buch diese Pro-bleme auf, aber auch Möglichkeiten, die „Über-lebenskräfte", die unerschöpflichen Kraftquellen der Seele und des Geistes, zu wecken und zu entwickeln, um in seelischem Gleichgewicht, mit Freude, Gelassenheit, Mut und Zuversicht das Leben zu bestehen. Das Buch er-wuchs aus eigener Erfahrung und basiert auf den neuesten Erkenntnissen, dass durch eine entsprechende Neuorientierung und Seelenprogrammie-rung ein erfülltes und ausgeglichenes Leben möglich ist. Beispiele veran-schaulichen und überzeugen. Es bietet sehr einprägsam ein Programm zur Förderung der Lebens- und Seelenkräfte im Alltag sowie Übungen zur Ent-spannung, Besinnung, Meditation, mentalen Lebensänderung und emoti-onalen Stabilisierung.